双重委托代理下股权激励效应研究

王艳华 著

中国水利水电出版社
www.waterpub.com.cn
·北京·

内容提要

本书围绕委托代理理论的一种激励机制——股权激励的实施效果展开研究，结合我国双重委托代理的公司治理结构，剖析双重委托代理下股权激励对企业投资效率和经营业绩的影响。本书采用中介效应模型把“股权激励、双重代理冲突、投资效率”纳入一个分析框架，研究股权激励对企业投资效率的影响机理，同时采用案例研究的方法探究股权激励对企业业绩的影响效果。本书的研究结论既丰富了股权激励效应的相关文献，同时又为完善公司治理结构、提高企业资源配置效率提供了经验证据。

本书适合正在实施或计划实施股权激励的国有和非国有企业管理人员，以及对股权激励相关研究有兴趣的本科生和研究生阅读。

图书在版编目（CIP）数据

双重委托代理下股权激励效应研究/王艳华著. —北京：中国水利水电出版社，2020.12（2024.1重印）
ISBN 978-7-5170-9233-9

Ⅰ.①双… Ⅱ.①王… Ⅲ.①上市公司—企业管理—技术投资—激励—中国 Ⅳ.①F279.246

中国版本图书馆CIP数据核字（2020）第252200号

书　　名	双重委托代理下股权激励效应研究 SHUANGCHONG WEITUO DAILI XIA GUQUAN JILI XIAOYING YANJIU
作　　者	王艳华　著
出版发行	中国水利水电出版社 （北京市海淀区玉渊潭南路1号D座　100038） 网址：www.waterpub.com.cn E-mail：sales@waterpub.com.cn 电话：（010）68367658（营销中心）
经　　售	北京科水图书销售中心（零售） 电话：（010）88383994、63202643、68545874 全国各地新华书店和相关出版物销售网点
排　　版	京华图文制作有限公司
印　　刷	三河市元兴印务有限公司
规　　格	170mm×240mm　16开本　10.5印张　208千字
版　　次	2021年4月第1版　2024年1月第2次印刷
印　　数	0001—2000册
定　　价	52.00元

前　言

中国经济下行压力增大，经济增长速度放缓，行业面临产能过剩，加快转变经济增长方式成为中国经济面临的严峻挑战之一。我国传统的经济增长方式注重投资规模的扩张，投资效率普遍低下。高效率的投资能够促进企业的健康发展，但是，投资非效率问题却普遍存在于企业中，成为一个世界性的企业管理难题。尤其对处于“三期叠加”的中国而言，资本市场尚不成熟，治理结构有待完善，上市公司的投资非效率问题更为突出，这严重损害了投资者的利益，阻碍了我国经济的健康平稳发展（三期是指中国经济增长速度换挡期、结构调整阵痛期、前期刺激政策消化期）。因此，在当前经济背景下，研究上市公司的投资效率问题具有非常重要的现实意义。

在中国等新兴市场国家，绝大多数上市公司股权高度集中，在股权集中度较高的上市公司中，不仅存在全体股东与管理层之间的传统代理问题（即第一类代理冲突），而且存在中小股东与控股股东或大股东之间的第二类代理冲突。双重代理问题已成为新兴市场国家治理机制的研究焦点。在双重委托代理框架下，如何完善企业治理结构，设计激励约束相容的公司治理机制，使其既能缓解管理层与股东间的利益冲突，同时又能有效防止控股股东或大股东对中小股东利益的侵占，进而改善企业非效率投资行为，成为现代公司亟待解决的重要问题。

最优契约理论认为，股权激励制度是基于委托代理理论的一种有效激励机制，它的实施有助于实现企业所有者和经营者利益的有机协调和统一，缓解因经理自利行为引发的第一类代理冲突。但对于股权激励是否也能抑制控股股东或大股东对中小股东利益的恶意侵占，有效解决第二类代理冲突，较少文献涉及。近些年，国内外文献中有关股权激励对公司投资行为影响的实证研究主要侧重于考察股权激励的实施在促进研发投资方面的作用，对于股权激励影响企业非效率投资的文献并不多见，且主要研究股权激励与投资效率两者之间的相互关系，对于股权激励对投资效率的影响机理或传导机制并未深入挖掘，使股权激励对投资效率的作用路径仍处于“黑箱”状态，而打开这个“黑箱”对于提升股权激励的实施效果将大有裨益。鉴于此，结合现代企业股权相对或高度集中的现实，提出本书的基本研究目标：在双重委托代理框架下，揭示股权激励对企业投资效率的内在影响机理，并重点考察代理成本在这一影响关系中的作用。

本书基于我国上市公司普遍股权结构较为集中，存在双重委托代理问题，且投资效率低下的客观事实，以双重委托代理下的投资效率为切入点，以股权激励的治理效应为依据，将“股权激励、双重代理成本、投资效率”纳入统一的分析框架，从股东经营权分离、控制现金流权分离两个层面深入探讨双重委托代理下股权激励对投资效率的作用效果及影响机理，并以股权分置改革后公告实施股权激励的上市公司为研究样本，采用倾向得分匹配法和中介效应检验流程来验证股权激励对企业投资效率的治理效果和影响机理，考察两类代理成本在其中发挥的作用。同时采用案例研究的方法剖析股权激励对双重委托代理成本及企业业绩的影响。本书理论分析和实证检验的主要结论如下。

（1）与未实施股权激励相比，股权激励的实施能够有效改善企业的非效率投资行为，且对过度投资的抑制效果更加显著；同时，不同股权契约结构对企业投资效率的影响存在差异，与股票激励相比，期权激励对投资效率的抑制作用更加显著，股权激励有效期越长，对投资效率的抑制效果越好，但企业非效率投资并未随着股权激励水平的提高而显著降低。

（2）企业特征在股权激励对投资效率的影响中具有调节作用，股权激励对民营企业非效率投资的抑制作用更加显著；在股权较分散的企业中，股权激励的作用效果更加显著；与保护性行业相比，股权激励在竞争性行业中更能发挥较好的治理效果。

（3）经理层与股东之间利益目标的不同产生的第一类代理冲突，从负面影响了企业的投资效率；大股东或控股股东利用其所拥有的控制权侵占中小股东利益所产生的第二类代理冲突，也造成上市公司的非效率投资。

（4）股权激励的实施能够把股东利益与公司利益紧密联系在一起，缓解第一类代理冲突。同时，股权激励对第二类代理冲突也有一定的治理效果，通过对高管进行股权激励，能够促使高管坚持正确决策的行为，减少与大股东合谋的动机，从而增加大股东“掏空”公司的难度，抑制第二类代理冲突。

（5）股权激励对企业投资效率的影响一部分是通过直接效应实现的，还有一部分是通过对第一类代理冲突和第二类代理冲突的缓解而实现的。也就是说，两类代理成本在股权激励影响上市公司非效率投资的过程中发挥显著的中介作用，股权激励能够通过降低两类代理成本，进而提高企业投资效率。

（6）股权激励对第一类代理冲突和第二类代理冲突的治理效果，以及对企业业绩的影响，受企业产权性质、股权激励设计动机及方案内容的影响。

本研究得到国家社会科学基金青年项目“竞争中立原则下国有企业创新

资源配置效率的测度与优化路径研究”（19CGL018）的资助，本书为项目阶段性研究成果。同时，感谢湖北工业大学及“工商管理申博学科软件建设费”对本书出版的大力支持。

作　者

2020 年 10 月

目　录

第 *1* 章 导论

本章首先从选题的背景、选题的意义展开，其次对本书的研究思路和研究方法进行了描述，最后对本书的主要研究内容进行了阐述。

1.1 研究的背景与意义

1.1.1 研究背景

中国经济下行压力增大，经济增长速度放缓，行业面临产能过剩，加快转变经济增长方式成为中国经济面临的严峻挑战之一。在传统的经济增长方式下，我国企业更注重投资规模的扩张，投资效率普遍低下。吴敬琏指出，“旧常态靠投资，新常态看效率”①。虽然不能用企业的微观投资效率来推断整个宏观投资效率，但就宏观经济的运行而言，研究公司层面的投资行为也是揭示经济周期内在规律的微观基础②。可见，在当前经济背景下，研究上市公司的投资效率问题具有非常重要的现实意义。

高效率的投资能够促进企业的健康发展，然而实际上，世界各国都被企业投资非效率问题所困扰。尤其对处于“三期叠加”的中国而言，资本市场尚不成熟，治理结构有待完善，上市公司的投资非效率问题更加突出，这严重损害了投资者的利益，阻碍了我国经济的健康平稳发展（熊家财和苏冬蔚，2014）。国内外学者从不同的角度研究了造成企业非效率投资的原因，比较有代表性的如 Myers 和 Majluf（1984），他们认为由于资本市场信

① 中国改革论坛网：http://people.chinareform.org.cn/W/wjl/media/201411/t20141107_211196.htm。

② 连玉君. 中国上市公司投资效率研究［M］. 北京：经济管理出版社，2009.

息不对称的存在，外部融资成本远在内部融资成本之上，企业面临融资约束，降低了投资效率。Fazzari 等（1988）和 Richardson（2006）从实证的角度验证了此论断，但 Kaplan 和 Zingales（1997）及 Erickson 和 Whited（2000）对此提出了疑问。Jensen（1986）则认为企业存在非效率投资的原因是经理与股东之间委托代理冲突的存在，公司内部人为谋取个人私利，构建“企业帝国”，盲目扩大投资规模，将公司所有的自由现金流投资到项目中，以致投资过度。Stulz（1990）、Hart 和 Moore（1994）、Jensen 和 Murphy（1990）通过构建理论模型对 Jensen（1986）的思想进行了拓展。Amihud 和 Lev（1981）、Holmstrom 和 Weiss（1985）等研究发现，企业高管基于风险规避的考虑也可能放弃净现值（NPV）为正的投资项目，从而产生投资不足。Malmendier 等（2005）、Malmendier 和 Tate（2008）基于行为金融学的角度进行研究，得出经理人的过度自信在一定程度上显著影响企业的投资决策等结论。虽然影响企业非效率投资的因素是多方面的，但得到普遍认可的最根本的原因是现代企业“两权分离”所造成的委托代理冲突。如何缓解委托代理冲突、改善上市公司的非效率投资行为、提高企业资源配置效率是企业普遍面临的老大难问题。

自 Berle 和 Means（1932）明确提出公司治理概念①以来，传统的经济学认为股权分散化是现代企业的重要标志。大批学者有关公司治理的研究一直集中在由股权高度分散而导致的股东与经理人之间的传统代理问题上。传统委托代理关系中，当股东过于分散时，股东会有“搭便车”的心理，各股东不愿付出较高的成本对经理人员的行为进行监督，导致实际控制权掌握在企业管理层手中。管理层为获取个人私利、扩大和巩固自身控制权，其在资本配置中的决策往往与股东目标相偏离，产生诸如“帝国构建”、盲目多元化等非效率投资行为（Jensen 和 Meckling，1976；Jensen，1986；Shleifer 和 Vishny，1989；Stulz，1990；Hart 和 Moore，1994）。

随着时间的推移和研究的进展，一些学者发现，在上市公司中所有权相对或高度集中是更为普遍的规律，如在美国最大的 50 家公司中，前五大股东持股比例均值为 24.81%，前十大股东持股比例均值为 37.66%。英国和爱尔兰之外的其他欧洲国家的公司普遍具有较高的股权集中度，东亚和拉丁美洲各国家的公司，股权也都相对集中（Demsetz 和 Lehn，1985；La Porta 等，1999；Faccio 和 Lang，2002）。在中国，上市公司股权高度集中现象更

---

① BERLE A A, MEANS G C. The modern corporation and private property [M]. New York: MacMillan, 1932.

为普遍（冯根福、韩冰和闫冰，2002）。以2014年为例，上市公司第一大股东持股比例均值为35.29%，前五大股东持股比例之和平均高达52.75%，第一大股东持股比例平均是第二大股东持股比例的12.41倍。在股权相对或高度集中的公司中，大股东或控股股东的存在可在一定程度上缓解股权分散情况下的“搭便车”现象。但由于大股东或控股股东拥有较高持股比例，其有能力为了个人利益来影响经营人员做出的决策，从而出现另一个较为普遍的问题：大股东或控股股东恶意侵占中小股东的利益（Shleifer 和 Vishny，1997）。如大股东或控股股东为谋取控制权私有收益，通过金字塔结构转移企业资源，投资于净现值为负的项目或放弃净现值为正的项目等非效率投资行为（Aggarwal 和 Samwick，2006；柳建华、魏明海、郑国坚，2008；刘星、刘理和窦炜，2014）。可见，在股权集中度较高的上市公司中，不仅存在全体股东与经营者之间的传统代理冲突（即第一类代理冲突），而且存在中小股东与大股东或控股股东之间的第二类代理冲突。双重代理问题已成为新兴市场国家治理机制的研究焦点。在双重委托代理框架下，制定出激励与约束相容的公司治理机制，既缓解管理层与股东利益间的冲突，又能有效防止大股东或控股股东对中小股东利益的侵占（冯根福，2004），进而改善企业非效率投资行为，成为现代公司亟待解决的重要问题。

最优契约理论认为，股权激励制度是基于委托代理理论的一种有效激励机制，它的实施有助于实现企业所有者和经营者利益的有机协调和统一，缓解因经理自利行为引发的第一类代理冲突（Jensen 和 Meckling，1976；Holmstrom，1979；Jensen 和 Murphy，1990）。但对于股权激励是否也能抑制大股东或控股股东对中小股东利益的恶意侵占，有效解决第二类代理冲突，目前较少文献涉及。

与西方资本市场相比，股权激励制度在我国起步较晚，2006年才开始实施真正意义上的股权激励计划。在我国新兴的资本市场中，刚刚起步的股权激励制度能否有效降低两类代理冲突，提高投资效率是一个有待检验的学术命题。

遗憾的是，近些年国内外文献中有关股权激励对公司投资行为影响的实证研究，主要侧重于考察股权激励的实施在促进研发（R&D，Research and Development）投资方面的作用，对于股权激励影响企业非效率投资的文献并不多见。且研究主要集中于股权激励与投资效率的相互关系，对于股权激励对投资效率的影响机理或传导机制并未深入挖掘，使股权激励对投资效率的作用路径仍旧处于“黑箱”状态，而打开这个“黑箱”对于提升股权激励的实施效果将大有裨益。鉴于此，结合现代企业股权相对或高度集中的现实，提出本书的基本研究目标：在双重委托代理框架下，揭示股权激励对企业投资效率的内在影响机理，以及对企业业绩的影响，并重点研究代理冲突在这一影响关系中的作用。

1.1.2 研究意义

在股权集中度较高的现代企业中，存在着大股东、小股东以及公司经营者等多重委托代理关系，委托人和代理人具有不同的利益诉求。由于资本市场信息不对称以及不完全契约的存在，委托人无法知晓代理人的决策动机。若代理人利用其所控制的资源牟取私利，会使企业的投资规模偏离最优水平。本书针对我国转型期上市公司股权结构较为集中，存在双重委托代理的问题，且投资效率低下的客观事实，将“股权激励、双重代理成本、投资效率”纳入一个框架中来，研究双重代理冲突下股权激励对投资效率的作用机理，具有十分重要的理论与现实意义。

本书的理论意义在于，基于双重委托代理的视角来研究股权激励对投资效率的作用效果，提供了一个新的视角，使研究更加全面。通过把“股权激励、双重代理成本、投资效率”纳入一个框架中，探索研究股权激励对企业投资效率的作用机理，丰富管理层股权激励效应的实证文献。本书的现实意义在于，立足于企业现实，将股东与经营者、大股东与小股东间的利益冲突纳入同一个研究框架，更合理地对企业投资效率加以解释。有助于深刻理解双重委托代理关系下中国上市公司产生非效率投资的根源，以及股权激励对投资效率的作用机制，为提高企业资源配置效率、优化投融资决策、完善公司治理结构、提升企业业绩提供建议，也为相关领域的进一步深入研究提供经验证据。

1.2 研究的思路和方法

1.2.1 研究思路

本书在采用归纳、演绎与总结等方法进行基本理论分析的基础上，运用数据统计分析、模型检验等方法进行实证研究，多维度地系统检验股权激励与投资效率之间的关系，采用案例研究法剖析股权激励对两类代理冲突及企业业绩的影响。

本书具体研究思路是：在文献综述的基础上，首先，结合委托代理理论、信息不对称理论、剩余索取权理论、权变激励理论等，对当前我国上市公司股权结构特征和投资行为特征进行分析，发现我国转型期上市公司股权结构较为集中，存在双重委托代理问题，且投资效率低下的客观事实，并从逻辑上分析了第一重委托代理下和双重委托代理下股权激励的治理机制。其次，在股权激励制度背景下，对股权激励的治理效应进行理论分析和实证检验，分析作为一种公司治理长效机制，股权激励在企业中的实施能否显著改善企业非效率投资问题，优化资源配置。再次，进一步检验股权激励对投资效率的作用效果是否受企业产权性质、行业特征以及股权集中程度的影响，并对股权激励影响企业投资效率的作用机理进行研究，检验代理成本是否在其中发挥中介效应。最后，以上海家化为研究对象，探究了股权激励对两类代理成本及企业业绩的影响。对这些问题的认知和分析有助于深刻地理解当前经济形势下非效率投资产生的根源，以及股权激励对投资效率、企业业绩的作用效果和机理，为提高企业资源配置效率，提升企业价值，完善公司治理机制提供参考。

1.2.2 研究方法

1. 规范研究和实证研究相结合的方法

本书运用了规范研究与实证研究相结合的方法，对文献综述、理论基础和假设的提出部分将采用归纳、演绎等规范研究方法，对理论假设的检验将采用描述性统计、倾向得分匹配、多元回归等多种实证研究方法。规范研究注重从逻辑方面进行概括，强调价值判断而不强调可证伪性，但其缺点是不少理论前提仅仅属于学术上的假设，未经验证，研究结论可能会与现实有较大偏离。实证研究紧密结合实际来切实反映公司经营本来的面目，具有较强的实践意义，但其缺点是采用有限的样本去证明普遍命题，研究结果不可避免地具有偶然性。本书把规范研究与实证研究互补并用，能够使研究更加科学、深入。

2. 定性分析与定量分析相结合的方法

本书对股权激励、代理问题、企业非效率投资及企业业绩间的关系主要从理论、逻辑上进行定性分析；对投资效率的度量、股权激励对企业投资效率影响机制的验证采用定量研究，前者采用数学模型进行测算，后者结合上市公司财务数据进行统计计量和经验检验。本书在研究我国上市公司高管股权激励对企业投资效率的作用机理，以及对企业业绩的影响问题的过程中，运用定性分析与定量分析相结合的方法，试图使研究更为全面。

本书的研究框架如图 1-1 所示。

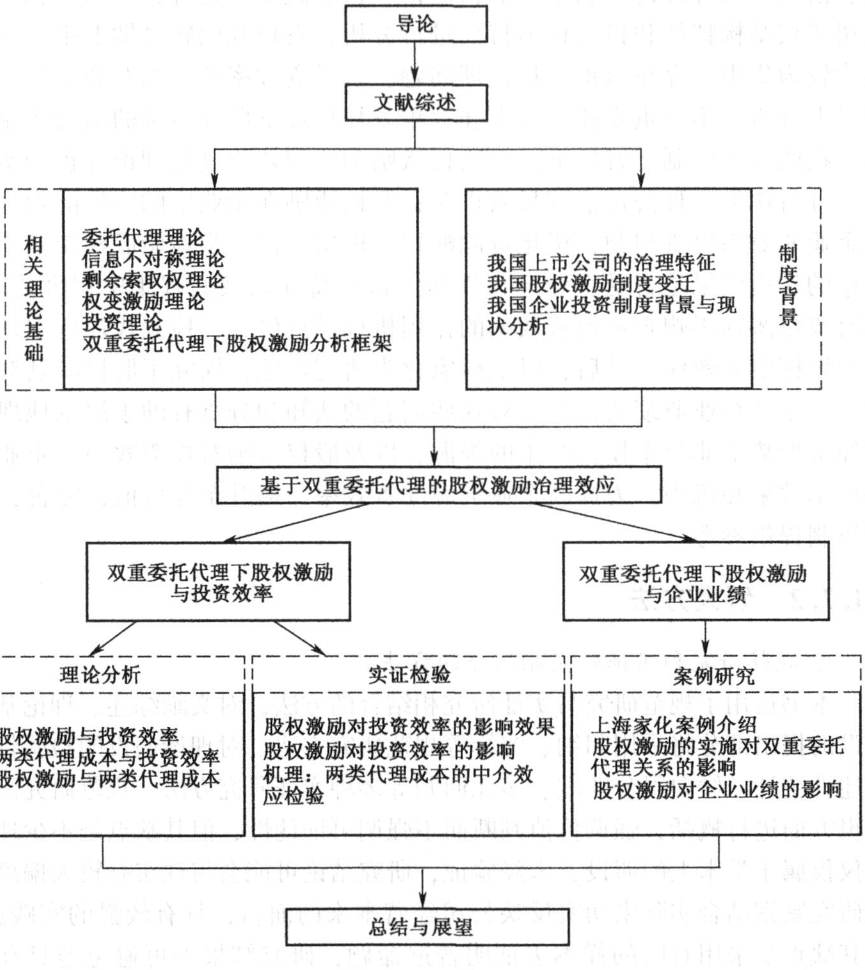

导论

文献综述

相关理论基础

委托代理理论
信息不对称理论
剩余索取权理论
权变激励理论
投资理论
双重委托代理下股权激励分析框架

我国上市公司的治理特征
我国股权激励制度变迁
我国企业投资制度背景与现状分析

制度背景

基于双重委托代理的股权激励治理效应

双重委托代理下股权激励与投资效率

双重委托代理下股权激励与企业业绩

理论分析

股权激励与投资效率
两类代理成本与投资效率
股权激励与两类代理成本

实证检验

股权激励对投资效率的影响效果
股权激励对投资效率的影响机理：两类代理成本的中介效应检验

案例研究

上海家化案例介绍
股权激励的实施对双重委托代理关系的影响
股权激励对企业业绩的影响

总结与展望

图 1-1　本书的研究框架

1.3 研究的主要内容

本书针对我国上市公司特有的股权结构和治理结构，以双重委托代理下的企业投资效率为切入点，以股权激励的治理效应为依据，将“股权激励、双重代理成本、投资效率”纳入统一的分析框架，从股东经营权分离、控制现金流权分离两个层面深入研究双重委托代理下股权激励对投资效率及企业业绩的影响。其主要内容如下。

第 1 章是导论。本章主要阐述本书研究的背景、意义，以及思路、内容和方法。

第 2 章是文献综述。首先梳理了代理成本影响企业投资效率的相关文献，分别从第一类代理冲突与企业投资效率的关系、第二类代理冲突与投资效率的关系两个角度进行了归纳总结；其次，对股权激励的相关文献进行了整理，主要从股权激励的治理层面进行阐述。虽然现有研究成果的研究深度和广度都有待拓展，却为本书的研究起到了很好的指示与引领作用，为本书提供了有益参考和文献支撑。章末，对现有文献存在的不足进行评析，同时提出本书的研究。

第 3 章是相关理论基础。本章主要从股权激励相关理论和投资相关理论两个方面提出本书的理论基础，一方面为后文双重委托视角下股权激励治理投资效率的研究提供理论指导；另一方面，为我国资本市场中上市公司的投资问题的研究提供理论支撑。这些理论重点包括委托代理理论、信息不对称理论、剩余索取权理论、权变激励理论以及新古典厂商投资理论和新制度经济学投资理论。另外，本章还从逻辑上分析了第一重委托代理下以及双重委托代理下股权激励的治理框架。

第 4 章是制度背景。首先，从上市公司股权结构和普遍存在的代理问题两个方面对我国上市公司治理现状进行解构、剖析，凝练出我国上市公司具有的股本结构特征和治理结构特征，说明在我国特殊经济转型期，我国上市公司普遍存在着双重委托代理关系；其次，对我国上市公司投资体制改革和投资现状进行分析，提出投资过度与投资不足是我国大多企业存在的客观事实；最后，对我国股权激励制度的发展历程进行了回顾并对我国股权激励发展的现状进行了分析，为本书的研究背景提供制度依据。

第 5 章是股权激励与投资效率实证分析。本章内容主要是运用倾向得分匹配（PSM）的方法来检验：股权激励的实施是否缓解了企业的非效率投资；不同股权激励契约结构，包括股权激励方式、股权激励水平、股权激励有效期等对投资效率的影响是否存在差异；企业产权性质、行业特征和股权集中度是否影响股权激励对投资效率的治理效果。

第 6 章是股权激励、双重代理成本与投资效率。本章在第 4 章的基础上进一步研究股权激励对企业投资效率的内在作用机理，首先在理论上分析了股权激励对第一类代理问题和第二类代理问题的影响，进而提出两类代理冲突在股权激励对投资效率的影响中起着中介传导作用的观点，并对此进行实证检验。

第 7 章分析双重委托代理下股权激励对企业业绩的影响。本章以上海家化为案例研究对象，对该公司三次股权激励对企业第一类代理成本、第二类代理成本以及业绩指标的影响进行了理论剖析与数据说明。

第8章是总结与展望。本章主要包括：总结本书的研究结果，提出政策建议，并指出本书创新点、研究局限性及未来研究的方向。

1.4 本章小结

本章主要围绕研究的背景及意义、研究思路与方法，以及研究的主要内容进行探讨，展示了现代企业制度下由于存在委托代理问题，影响到企业资源的有效配置，从而造成公司价值受到影响。股权激励作为一种激励机制，认为能够通过缓解第一类代理冲突，改善企业投资效率，提升企业业绩。但在新兴的资本市场国家，股权集中度相对较高，存在双重委托代理的问题，股权激励能否有效缓解两类代理冲突，提高企业投资效率是一个具有较强理论和现实意义的话题。本书计划采用理论分析与实证检验相结合的方法，探究股权激励对企业投资效率的影响效果及机理，并采用案例研究的方法剖析股权激励对企业业绩的治理效果。

第2章 文献综述

关于股权激励的理论研究从1976年Jensen和Meckling的讨论开始，尽管经历了四十多年的研究历程，有众多的学科融入其中，如心理学、公司金融学等，但关于股权激励的实施动机及效果到目前为止仍然未得出一致的研究结论。本书的重点在于研究股权激励的治理效果，且集中在公司金融的研究领域内，因而，文献回顾也只关注这个方面的问题。

2.1 两类代理成本与企业投资效率

企业是由一系列契约所组成的，在不同的契约结构中，存在不同的委托人和代理人，由各委托人和代理人具有不同的利益追求，二者之间时常发生代理冲突。尤其是在信息不对称的情况下，代理人经常为了追求个人私利而对委托人的利益造成损害。在股权分散的公司中，主要研究的是管理者（代理人）与全体股东（委托人）之间的利益冲突。而在股权高度集中的上市公司中，由于大股东具有较高的控制权，具有"隧道挖掘"① 等侵占公司财产的便利性，因此在这种情况下，同时存在大股东侵占中小股东利益的行为。也就是说，在股权集中度较高的上市公司中，大股东或控股股东与中小股东之间的利益冲突也是不容忽视的一种代理问题。通过对国内外文献进行梳理，作者发现很多学者就"代理冲突和企业投资行为"问题进行了相关研究，取得了丰硕的研究成果。本章主要从第一类代理冲突与投资效率、第二类代理冲突与投资效率两个方面对已有的研究文献进行梳理。

① Johnson S和La Porta R等把大股东通过隐蔽渠道转移公司资产的行为，称为隧道挖掘（tunneling）。

2.1.1 第一类代理成本与企业投资效率研究

有关第一类代理冲突下企业投资问题的研究，主要是从私人成本和私人收益两个角度来着手。

Jensen 和 Meckling（1976）通过对高管的行为进行分析，发现当经理人获取的个人收益难以弥补其付出的成本时，他们就会放弃一些 NPV>0 的投资项目，使企业投资小于最优投资规模；而当经理人从投资项目中获取收益大于其所承担的私有成本时，就会投资于 NPV<0 的项目，使投资规模超过最优投资水平，造成过度投资。

Ross（1973）基于私人成本的角度对经理人的投资行为进行理论推导，他认为若股东和管理者风险偏好不同（股东比管理者更偏好风险），管理者出于风险规避的考虑就会缩减投资，从而使企业实际投资规模低于最优投资规模。

Holmstrom 和 Weiss（1985）研究发现，由于信息不对称的存在，股东对经理人所付出的实际努力并不完全知晓。另外，投资的产出不仅依赖于企业实际投入，而且会受到外界随机因素的干扰，而经理人的薪金水平只能通过投资产出进行考核。因此，如果经理人发现企业投资受到外界风险的负面影响，为了降低风险就会选择放弃投资，造成企业投资不足。

Lambert（1986）的研究指出，管理者为了更合理地选择具有发展前景的项目，就必须付出努力，对该项目的可行性进行探索；另外，由于信息不对称的存在，企业大股东只看到管理者最后的决策结果，却不知道管理者是否对项目的选择付出了努力，也不清楚管理者做出这种投资决策的原因。在这种情况下，就会促使经理人产生“偷懒”心理，即在对投资项目进行决策时，较少花费时间去搜索信息，而出于稳健性的考虑直接选择风险较小的项目，但该项目却未必是最利于公司投资的项目。

Bebchuk 等（2003）等通过理论研究指出，由于项目投资中需要承担方方面面的成本，当经理人对项目投资中所需要的全部投资成本没有办法估计时，就可能会放弃这项投资——尽管项目的投资净现值可能为正，而这会导致企业投资不足。

在实证研究方面，Kang 等（2006）以 1992—2000 年的美国公司为样本进行研究，结果表明在对投资机会、企业资本约束进行控制的情况下，高管薪酬越高，公司投资水平越高，该结论证明了私人成本下的企业投资不足行为。

还有部分学者基于私人收益的角度进行研究。私人收益状态下产生的投资过度源于 Jensen（1986）提出的“自由现金流假说”。Jensen（1986）研究发现经理人的私人收益得益于其对企业资源的掌控，随着公司规模的扩大，经理人管理的资源越多，他们从中获取的个人私利就越可观。因此，一旦企业拥有充沛的自由现金流，经理们在个人私利最大化的驱使下，希望把所有可支配的自由资金都投入项目中去，由此造成投资过度。Stulz（1990）、Hart 和 Moore（1994）等在 Jensen 研究的基础上，进一步发展了“帝国构建”（empire building）的思想。Stulz（1990）认为，经营者为了控制更多的企业资源以便获取更多的个人私利，就会倾向于扩大投资规模，从而进行“帝国构建”。Hart 和 Moore（1994）从融资的角度进行研究，他们的研究结果表明：为了防止企业投资偏离最优规模，应使其长期负债水平与新项目的获利能力负相关，而与现有项目的获利能力正相关。

一些学者从实证的角度进行了检验。如 Lang 和 Lizenberger（1989）以宣告支付现金股利的 429 家公司为样本，检验现金流对企业投资效率的影响，结果发现企业存在较高的投资现金流敏感性。Devereux 和 Schiantarelli（1990）研究发现：在股权结构较为分散的公司，由于股东与管理者代理冲突的存在，企业规模与投资现金流敏感性显著正相关。Mark 和 Clifford（1995）研究证实未预期部分的现金流更易被经理投放到 NPV 为负的项目中去，同时将投资机会作为控制变量进一步研究，发现在投资机会较低的公司，投资现金流敏感度更高。

还有部分文献是从声誉、职业生涯、高管偏好等角度来研究管理者的投资行为。如 Holmstrom 等（1985）证实由于新项目的业绩可能会揭示他们的能力水平，声誉关注可能在普遍意义上引致管理者不愿进行新项目的投资。Lundstrum（2002）发现，在成熟的经理人市场环境下，经理出于对声誉机制的考虑，为了避免投资失败对其职业生涯造成负面影响，会更倾向于投资短期能够带来回报的项目，从而导致长期项目投资不足。Aggarwal 和 Samwick（2006）研究发现，经理人更偏好清闲平静的生活，而新项目的投资无疑会耗费他们的精力，使他们付出的私人成本增加。当相对于投资所获取的收益，需付出的私人成本更多时，经理人就会放弃部分 NPV>0 的项目，而造成投资不足。

国内方面，杜丽虹和朱武祥（2003）研究表明，企业经理人员为了构建“企业帝国”获取私人利益，急于扩大企业规模，从而更多地投资于 NPV 为负的项目，造成企业过度投资。刘怀珍和欧阳令南（2004）通过构建模型对管理层私有收益与投资决策间的关系进行研究，结果表明管理层私有收益显著影响企业的过度投资行为。叶生明（2006）通过理论模型研究证实代理冲突对企业投资效率有显著影响，且在不同产权性质的企业中投资行为存在差异，如国有企业倾向于过度投资，而非国有企业更可能出现投资不足。唐雪松等（2007）通过对 2000—2002 年的数据进行研究，发现由于管理者的投机行为，企业存在过度投资。郝颖等（2007）通过构建管理层寻租与企业过度投资行为模型，研究证实了管理者的寻租行为是由公司生产部门的低效所导致的，在国有企业中，由于控制人虚化，更易出现企业过度投资①。

2.1.2 第二类代理成本与企业投资效率研究

在一个企业中，如果企业股东所拥有的股权较分散，每个拥有股权的股东与企业的经营管理者就会产生非常明显的冲突。相反，当公司的股权较集中时，控股大股东与其他中小股东的利益就会出现矛盾，在这种情况下，控股股东或大股东与其他中小股东之间的利益冲突就成为企业所面临的主要问题。在资本市场中，如果没有完好的中小股东保护机制，两者之间的代理问题将更为凸显。当两者之间有以上这种利益矛盾出现时，相对较大的股东（控股股东）会自然而然地牺牲中小股东的利益，从而达到自身的经济目标。

许多相关研究表明，基于实现自身多重目标的考虑，大股东会通过手中的控制权影响公司投资决策，从而使企业产生效率不高的投资行为。John 和 Nachman（1985）的研究证实，在企业经营决策过程中，大股东与其他中小股东之间存在利益冲突，同时，企业经理人站在控股股东利益的一边。此时，在企业具体的投资行为中，控股股东的利益往往会得到更多的考虑，相反，中小股东的利益在具体的决策中就会被弱化。这种情况下，如果项目需要新的资金投入而采用发行新股等募资方式，资金不足的情况就会在企业经营管理过程中体现出来。

而 Johnson 等（2000）认为在企业控制权和现金流权相分离时，大股东为谋取控制权私有收益，会存在“掏空”行为。在实际的经济行为中，为了满足私人的收益，大股东可以通过一系列不合法的交易将企业的资源转移，经常采取的手段有资产出售、定价被转移及现金盘剥等方式，从而使企业投资于部分净现值为负的项目，最终对中小股东的利益造成严重损害。Aggarwal 和 Samwick（2006）指出，在所有权高度集中的情况下，受大股东控制权的驱使，企业往往将实现大股东利益最大化设定为最为重要的行为目标，从而产生了效率不高的投资行为。Hakan 和 Yurtoglu（2006）的研究成果表明：与股权分散型的企业相比，股权集中度较高的企业，非效率投资行为也较为严重。

同样，我国学者在这个领域也进行了大量的研究，其研究结论也多与国外相关研究相似，即控股股东出于对个人利益的追求，促使企业做出非效率的投资决策，造成企业投资规模偏离企业最优投资水平。刘朝晖（2002）研究证

---

① 郝颖. 大股东控制下的中国上市公司投资行为特征研究［D］. 重庆：重庆大学，2007.

明了企业大股东与上市公司的关联交易存在私人牟利的行为。大股东为了获取更多的个人收入，最终会导致企业的过度投资现象的发生。柳建华等（2008）从效率促进和转移资源两方面展开，通过实证研究发现，基于大股东追求其控制权收益最大化的动力，企业的可利用资源往往会通过关联投资的形式完成转移。刘星和窦炜（2009）通过对大股东控制下的企业投资问题进行研究，发现由于对控制权个人收益的达成欲望，在控股股东控制经营的情况下，投资过度或投资不足等非效率投资问题在我国各类企业中普遍存在。

冉茂盛等（2010）在对企业投资效率进行测度的基础上，研究大股东控制对企业投资效率的影响机理，发现第一大股东持股比例通过不同的路径影响企业投资效率，且结果具有两面性①。陈共荣和徐巍（2011）的研究指出：N 形的曲线相关性体现在第一大股东持股比例与企业的投资效益中。不同产权性质的企业受此影响的程度不同，比如，国有股权的企业投资效率明显低于私有或集体股权的上市企业；同时，投资效率还受股权制衡度的影响，股东间相互制衡的程度越高，大股东控制下的非效率投资行为就越少，企业的投资效率就越高。唐蓓等（2011）通过采取 2005—2008 年中国制造业上市公司的情况为样本，考虑控制权及现金流动权两个因素，分析研究这两个因素与企业过度投资的关联。结果表明，两者都与其相关，前者与其呈倒 U 形关系，而后者呈现的是现金流动权越高，过度投资越低的负相关关系。研究还发现，两者之间的分离程度越高，过度投资的程度就越高；分离程度越低，过度投资的程度就越低。田立军和宋献中（2011）的研究同样表明：大股东控制权与现金流权的分离程度与企业的过度投资行为是正相关关系。窦炜等（2011）采取 2000—2008 年中国上市公司的业绩表现为研究对象，从最大股东占股比的维度进行了实证研究，结果表明此因素与过度投资负相关，与投资不足为正相关关系。

2.2 股权激励与两类代理成本

2.2.1 股权激励与第一类代理成本

有关股权激励与第一类代理成本的研究，学术界并没有形成一致的结论，

① 冉茂盛等指出大股东控制对投资效率具有“激励效应”和“损耗效应”的两面性，并且其“损耗效应”大于“激励效应”，大股东通过独立董事比例和资本结构对投资效率影响而产生的“损耗效应”是中国资本市场配置效率低的根本原因。

主要有三种观点：利益趋同效应、壕沟效应以及区间效应。

作为利益趋同效应假说的代表，Jensen 和 Meckling（1976）是研究股权激励与非效率投资关系比较早的学者，他们认为股权激励作为一种治理手段的出现，可以使管理者以股东的身份参与分享利润、进行企业决策、承担风险，从而减少企业经营人员与公司全体股东之间的代理冲突，减少第一类代理成本。后来很多学者进行了这方面的相关研究。Jensen 和 Murphy（1990）指出，要降低代理成本，还可以从实施管理层持股计划，让管理层参与剩余索取权的分配等手段入手，这样的管理机制能够促使企业高管与公司股东追求的利益保持一致，减少利益冲突。Ang 等（2000）、Hanson 和 Song（2000）、Davidson 和 Singh（2003）等学者的经验检验也支持这个结论。他们认为在企业两权分离以及资本市场信息不对称的情况下，通过采用让高管持股的激励方式，能够使企业经营决策者与公司股东的经济目标趋同，在一定程度上减少二者之间的代理冲突。Depken、Nguyen 和 Vishny（2006）的研究指出，股权激励与企业代理成本显著负相关。

Demsetz 和 Lehn（1985）、Bens 等（2002）和 Bebchuk 等（2003）从壕沟效应的角度对股权激励效果进行了检验，他们发现通过让管理层持股并不能显著降低股东与管理层之间的委托代理成本，反而加剧了二者之间的代理冲突，使管理层更加追求短期效益。

Morck 等（1988）是股权激励区间效应研究的代表，他选择董事持股比例作为企业股权激励的衡量指标，把 TBQ 值（托宾 Q 值）作为公司价值的代理变量，通过对二者之间的关系进行分阶段验证，据此说明股权激励对代理成本的影响。结果发现股权激励对代理成本的作用呈现区间效应。

在国内，有关股权激励对代理成本影响的直接文献较少，主要是通过研究股权激励对企业业绩的影响来间接反映股权激励对代理成本的治理效果，且和国外研究一样，研究结论也不统一。廖理和方芳（2004）、周中胜（2008）、程仲鸣和夏银桂（2008）等学者的研究支持股权激励的利益趋同效应。廖理和方芳（2004）认为，通过让企业高管持有公司股份，能够减少公司内部代理冲突，对高管与股权间的自由现金问题也能予以缓解。周中胜（2008）通过对高管薪酬与企业代理成本间的关系进行研究，结果发现提高公司高管人员的薪酬水平能够降低企业代理成本，进而降低公司的非效率行为。程仲鸣和夏银桂（2008）对股权分置改革前后国有上市公司股权激励与企业价值间的关系进行研究，结论表明股权激励的实施对企业价值的影响显著为正；与高管持股相比，股权分置改革后的股权激励效果更好；股权分置改革能够促进股权激励的正向影响。魏刚（2000）、俞鸿琳（2006）、顾斌和周立烨（2007）等学者从壕沟效应的角度对股权激励的效果进行了研究。魏刚（2000）通过对高管股权激励与公司业绩之间的关系进行研究发现，高管持股与企业经营业绩之间没有正向的激励效果，对高管进行的股权激励仅仅是一种福利。俞鸿琳（2006）在控制内生性的前提下，采用固定效应模型对管理层持股和企业价值间的关系进行实证分析，结论表明整体上管理层持股对企业价值没有显著的正向影响，在国有企业中，管理层持股比例越高，企业价值越低。顾斌和周立烨（2007）的研究结论也表明，股权激励没有发挥出治理效应，对公司业绩没有显著正向影响。王华和黄之骏（2006）等研究得出股权激励对公司业绩的影响呈现出区间效应。他们以高科技行业的上市公司为研究对象，在考虑内生性的情况下，对经营者股权激励与公司价值的相互关系进行检验，研究发现，高管股权激励与公司价值呈倒 U 形关系。

2.2.2 股权激励与第二类代理成本

有关股权激励与第二类代理成本的研究文献相对匮乏，已有研究大多基于这样一种思路：通过对经理人员实施股权激励，让他们持有公司股份，成为企业中小股东中的一分子，把他们和中小股东的经济利益目标紧密联系在一起，降低与大股东合谋的动机，从而缓解第二类代理冲突。西方学者 van den Steen① 通过理论分析证明了对经理人进行股权激励的有效性，他指出经理人得到的激励越强，持有的股份越多，他们越重视企业投资决策的可行性，越不愿意受大股东的意愿所控制。Wang 和 Xiao（2011）也发现，在企业中大股东利用控制权与经营者合谋，侵害中小股东的利益，损害公司价值的行为时常发生。通过对经营者进行股权激励，把经营者的收益与企业利益联系在一起，能够减少股东与高管之间的合谋。

2.3 股权激励与企业投资行为

纵观国内外对股权激励与企业投资行为进行研究的文献，研究成果较丰富，但没有形成一致的结论。本书主要从代理理论视角下的股权激励与投资过度或投资不足，风险承担视角下的股权激励与研发投入两方面进行文献梳理。

① van den Steen E. Too motivated? [R]. MIT sloan working paper, No. 4547-05, 2005.

2.3.1 股权激励与过度投资或投资不足

Jensen 和 Meckling（1976）是研究股权激励与非效率投资关系比较早的学者，他们认为通过对管理层实施股权激励，可以有效解决因委托代理冲突导致的非效率投资。后来很多学者进行了这方面的相关研究。Agrawal 和 Mandelker（1987）在期权估价模型的基础上，论证了高管持股和期权激励对公司投资行为的影响，发现在股权激励水平较高的公司中，企业的投资更能够促进总资产期望报酬率波动的增加，使与投资决策有关的代理冲突得到改善。Kang 等（2006）把企业资金约束和成长机会作为控制变量，对经理人持有的股权占报酬总额的比重与企业投资决策特征的关系进行研究，证实经理人员持有的权益薪酬比重与企业投资效率正相关。Pindado 和 Torre（2009）从投资现金流敏感性的角度研究了企业高管持股对其的影响，结论表明高管与股东利益的协调，能够使非效率投资带来的投资现金流敏感性问题得到缓解。

Chu 和 Song（2012）以马来西亚的上市公司为研究对象，对高管薪酬、盈余管理以及企业投资之间的相关性进行了检验，研究表明，经理持股价值占总薪酬的比重与固定资产资本支出具有正向内生关系，同时证明对高管进行股权激励能够显著抑制企业的投资不足行为。从融资约束的角度来研究股权激励的文献相对其中较少。其中较早的是 Leland 和 Pyle（1977）的研究，他们发现股权激励具有信号传递的功能，通过向资本市场传递有关公司投资项目的有利信号，能够降低外部融资成本，减少因信息不对称引起的融资约束，缓解投资不足。Babenko 等（2011）从融资约束的角度对股权激励与投资决策间的关系进行了分析，并检验了股权激励对融资约束的缓解作用，结果发现，股权激励能够影响企业的投资水平，公司投资规模与执行股权所获取的收益正相关，表明股权激励作为一种激励方式，能够替代现金薪酬，降低企业面临的外部融资约束，缓解企业投资不足。

在国内，王艳等（2005）通过构建契约模型，来研究股权激励对高管过度投资的影响，结论表明高管的过度投资行为受项目风险的影响，让高管持有适度比例的股权能够间接影响企业的过度投资行为。罗富碧等（2008）从上市公司2002—2005年的面板数据中抽取样本，对经理人股权激励与投资决策的相互关系进行实证分析，研究结论表明，高管股权激励与投资决策是正相关的关系，满足了内生决定关系的条件，而且，激励方式的不同对投资所产生的效果也存在较为明显的不同。吕长江和张海平（2011）以2006—2009年实施股权激励计划的企业为研究对象，依据 Richardson（2006）投资模型，基于两表（现金流量表和资产负债表）的方式建立两个投资变量指标，对股权激励对公司投资行为的影响进行了实证研究。分析结果表明，投资不足或投资过度行为在企业中普遍存在，对于上市公司来说，企业过度投资或投资不足行为能否得到较好的抑制，受企业是否实施股权激励计划的影响。由此，可以说明企业的非效率投资行为能够通过对高管进行股权激励得到有效抑制。简建辉等（2011）以2001—2009年的面板数据为依据，通过对管理人员的激励和公司过度投资之间的关系进行检验，发现上市公司的管理者获得越多的货币激励，企业过度投资的情况就越严重，而与管理者的薪酬敏感度及股权激励情况没有显著关联。这表明，管理者获得越多的货币薪酬，其过度投资的冲动欲望就越强。强国令（2012）从股权分置制度变迁的维度进行了研究分析，对实施股权激励后经理人对公司投资决策的影响进行了数据分析考察，对股权激励的有效性、稳定性及内在的运行机制进行了检验。结果发现股权分置改革使管理层股权激励的效果得到了显著改善，降低了因管理层私有收益影响而导致的过度投资，但仅有少量的证据表明股权激励能够因股权分置改革减少企业投资不足行为。徐一民和张志宏（2012）结合股权的组成、股权的激励等因素，通过Richardson残差度量模型研究了以上两个因素对公司投资效益的影响。结果显示，伴随着股权激励制度的实施，公司投资效率不高的现象明显得到了改善①。介迎疆和杨硕（2012）从2006—2010年我国实行股权激励的企业中抽取研究样本，对实施股权激励政策后，股权激励的实施效果与公司投资的关系进行了研究，验证了两者之间正相关的关系。徐倩（2014）开辟了另一个角度，她在分析环境不确定性的情况下，对企业投资行为与股权激励计划之间的关系进行分析研究，得出结论：各类外部不明确因素引起的代理冲突矛盾在激励制度实施的情况下会变少。在过度投资得到了抑制的情况下，相对应的公司的管理风险得到了降低，同时投资紧缺的矛盾也得到了缓和。

2.3.2 股权激励与研发投资

Guay（1999）研究表明，由于公司业绩与高管财富具有正相关性，通过赋予高管股权激励，能够促使高管把资金投放于风险更大的项目中去（如R&D投资）。Coles等（2006）考察了高管股票期权风险激励对公司投资决策、融资决策和公司风险的影响，研究发现上期CEO（首席执行官）对财富与股票波动的敏感性（vega）越强，公司越可能实施更高风险的政策选择，包括更多投资于R&D、更少投资于PPE（固定资产），且投资集中化程度和负债水平

① 徐一民，张志宏. 上市公司股权结构、股权激励与投资效率相关性研究［J］. 会计论坛，2012（1）：30-40.

更高；另外，受股价影响较大的薪酬计划，能够提高高管的风险承担水平，促使高管把资金投向风险较高的项目中去。Nastasescu（2009）研究了股票期权和限制性股票两类激励模式与公司风险投资的关系。研究发现，授予CEO较多股票期权，对公司R&D投资水平有正向影响；相反，授予CEO较多限制性股票的公司则具有更低水平的R&D投入。研究证实，薪酬方案对R&D投资水平决定具有重要影响。Brockman等（2010）研究表明，高管的风险偏好受公司股价和股票收益波动性的影响，公司股票收益波动程度与高管所持股权价值正相关，企业对高管进行股权激励，降低了高管的风险偏好水平。Rego和Wilson（2012）从税务风险的角度对高管股权激励效应进行了研究，检验了企业实际税负、纳税筹划与高管激励间的相关性，结果表明股权激励水平对公司承担的税务风险有正向影响，但税务风险的加大却不能显著影响股权激励水平的提高，即二者间的影响是单向的。

在国内，也有相当部分学者对高层管理者持有公司股票与R&D间的关系进行了研究。刘运国和刘雯（2007）研究成果显示：如果高层管理者持有公司股票越多，那么R&D支出就越高，即高层管理者的积极性越高。夏芸和唐清泉（2008）在2005—2006年披露的R&D支出的高技术企业中抽取资料样本，研究同样表明，持股同R&D投入呈正相关的关系，同时，也发现资源越充足、效益水平越高，影响就越明显；唐清泉等（2009）、王燕妮（2011）研究的结论也同此相似。唐清泉等（2011）从2002—2009年我国上市公司中抽取样本来进行分析，界定于股改前，以高管持股对R&D的影响进行了研究，结果发现，没有改革之前两者之间呈倒U形曲线关系，改革之后两者之间为正相关关系①。陈效东和周嘉南（2014）以企业实施股权激励的动机为切入点，对2006—2011年进行股权激励计划的上市公司的研发水平进行研究，结果证实：总体上，股权激励的实施能够促进企业研发支出水平的提高，但这种促进作用仅在激励型股权激励中显著，福利型动机下的股权激励对研发支出未能产生如此的促进效果。巩娜（2014）基于三阶段回归和DID模型的方法，对民营企业股权激励计划与R&D之间的关系进行研究，结果表明股权激励的实施与R&D支出正相关，高科技行业特点正向调节二者的相关关系。另外，不同的股权激励契约特征对R&D支出的影响存在差异，非会计指标在行权条件中的应用能够显著促进R&D支出水平的提高。苏坤（2015）把公司风险承担水平纳入进行研究，他以1999—2012年中国A股上市公司为样本，采用高

① 唐清泉，夏芸，徐欣. 我国企业高管股权激励与研发投资——基于内生性视角的研究［J］. 中国会计评论，2011（1）：21-42.

管持股比例和股票收益率的波动为指标，分别衡量高管股权激励程度与公司风险承担水平，以投资边际 Q 敏感性作为资本配置效率的代理变量，研究股权激励对企业资本配置效率的影响及风险承担在其中的作用机理，结果发现股权激励能够提高公司的风险承担水平，进而促进公司资本配置效率的改善。

除此之外，还有相当一部分文献把代理成本纳入股权激励与投资行为关系中来。其中罗付岩和沈中华（2013）将代理成本、股权激励及投资效率等因素一同考虑进行研究分析。将产权属性作为调解因素，将代理成本定义为中介变量，通过实证分析来确认股权激励是否会对投资效率产生影响、通过何种机制进行影响以及在不同产权性质的企业中是否存在差异。研究发现，非效率投资能够被股权激励所抑制，作为中介因素的代理成本发挥显著的中介效应，只是影响程度相对不大。同时，这种抑制作用也会根据企业性质的不同而有所变化，且非国有性质的影响明显大于国有性质的企业。在国有企业中，低效率的投资能明显地被期权激励的手段所抑制。汪健等（2013）对 257 家中小板制造业上市公司 2005—2011 年的数据进行了研究，验证如果某企业实施股权激励政策，公司的过度投资行为能否得到抑制，同时，股东与经营者的代理冲突能否明显降低。结果表明，对中小板制造业上市公司来说，随着股权激励机制的实施，过度投资的行为更容易出现，且同自由现金流呈正相关关系。此外，他们还发现股权激励实施之后，代理成本降低的情况并不明显。徐宁等（2014）以中小民营企业为样本，研究了高管股权激励对企业成长性的影响，并检验了两类代理成本在股权激励对公司成长性的影响路径中是否发挥中介效应。研究发现高管股权激励程度与企业成长水平呈正相关，二者之间的作用关系主要是通过缓解第一类代理成本而实现的，第二类代理成本在其中并未产生显著的中介效应。

2.4 股权激励与企业业绩

有关股权激励对企业业绩的影响研究，已取得了较为丰硕的研究成果，但并未得出一致的结论。主要理论解释有两种：一种理论认为股权激励具有利益趋同效应，通过对高管实施股权激励能够使高管和股东的利益保持一致，从而提升企业价值；另一种理论指出股权激励具有经营者防御效应，即随着高管持股比例的提高，高管对企业的控制力不断增强，外部对他的约束越来越弱，高管可以在更大范围内追求个人私利，进而降低了企业价值。学者们基于利益趋同效应和经营者防御效应两种理论假说进行了实证研究，得出股权激励与企业业绩之间存在正相关、非线性相关、负相关的三种观点。

Jensen 和 Meckling（1976）较早地研究了经营者持股与企业价值的关系，认为随着经营者持股水平的上升，公司价值也在不断提高。这种理论解释一般被称为“利益趋同假说”（convergence of interests hypothesis）。Francis 和 Smith（1995）的研究结论也支持股权激励的利益趋同假说，他们发现通过让管理者持股，可以促进管理者与股东的利益趋同，来抑制其管理上的短视行为，提升企业业绩。Dechow 等（1995）在研究中也指出，管理者拥有的股权越多，高管的战略决策越会注重企业长期价值的增长。我国学者魏刚（2000）和李增泉（2000）较早研究了高管持股对企业业绩的影响，发现高管持股能促进企业业绩增长。许娟娟（2016）等以我国 1893 家上市公司 2007—2013 年的数据为样本，实证检验股权激励与公司财务业绩之间的相关性，结果表明股权激励对公司绩效有显著的促进作用。

然而，Morck、Shleifer 和 Vishny（1988）运用分段回归的方法，对 1980 年《财富》500 强中的 371 家公司进行的研究发现，董事持股在 0%~5%时，股权与公司价值（Tobin’Q）之间呈正相关；董事持股在 5%~25%时，股权与公司价值呈负相关；在董事持股超过 25%后，股权与公司价值呈正相关，得出管理层持股比例与公司价值之间并非简单的线性关系。Griffith 等（1999）、Cui 和 Mak（2002）的研究也认为管理层持股比例与公司绩效之间存在一定的区间效应，呈现倒 U 形关系，即公司业绩会随着管理人员持股比例的增加呈现出先增加、后下降的态势。Khan 等（2014）以 2000—2006 年 7 年间澳大利亚的上市公司为样本，在剔除了内生性问题和反向因果关系的干扰后，得出了经理层持股比例和企业绩效之间呈现倒 U 形关系。王华和黄之骏（2006）从内生性视角研究了管理层股权激励、董事会构成与企业价值之间的互动关系，得出经营者股权激励与企业价值之间存在稳定的倒 U 形关系。陈胜军等（2016）以 2007—2012 年我国 A 股市场公告实行了股权激励计划的 329 家上市公司为研究样本，选用总资产收益率来考察企业业绩，通过构建多元回归方程得出了激励力度和公司绩效呈倒 U 形关系的结论，研究发现，在授予对象的激励股份的份额占总股本的比例为 18.6%时，股权激励对公司业绩的积极影响达到最高，随后，随着激励水平的提高，公司的绩效表现反而越来越差。

Fama 和 Jensen（1983）支持“经营者防御假说”，他们提出，如果经营者持股水平过高，会让经营者的地位变得更加牢固，使市场无法通过并购的方式进行资源的有效分配，导致公司价值损失，从而认为管理层持股比例与企业业绩之间呈负相关。Agrawal 和 Knober（1986）在福布斯 500 强中选择 383 家大企业作为研究样本，发现不论采用普通最小二乘法（OLS）还是采用两阶段最小二乘法（2SLS），管理层股权激励均与企业价值呈负相关，但不显著；Oyera 和 Schaefer（2005）针对企业向一般职工和中层管理人员进行股权激励后，企业的效益变化做了研究，结论表明，对中层管理人员的股权激励与公司绩效不相关，对一般职工的股权激励也没有显著效果，反而可能会增加公司成本，甚至导致负相关的情况出现。刘浩和孙峥（2009）回顾了西方研究股权激励的有关文献，对股权激励方案的采用、契约的制定、实施时的操控、条款修改等重要方面做了分析，并讨论了其后果。分析指出，如果激励的对象尤其是经理层高度控制了激励价格，把持了股票期权的行权价和出售价，甚至获得了重定价的权力，那么，股权激励不但会失去约束管理层的作用，甚至会沦为管理层谋求自身利益的工具。在这种情况下，股权激励并不会促进公司的业绩增长。

2.5 文献评述

据前文所述，关于股权激励与投资决策的文献研究特别多，研究成果丰富且结论不尽相同，为本书下一步的研究提供了有益的参考。但是，也存在着不足之处。

第一，在以往的文献中对代理冲突与投资非效率的研究，主要侧重于考察二者之间的关系，也就是检验论证代理问题的存在是否是造成投资不足或投资过度的原因，而极少涉及在代理冲突下投资非效率的治理问题。

第二，国内有关股权激励对代理冲突影响的文献比较匮乏，已有文献主要是通过研究股权激励对企业业绩的影响来间接反映股权激励对代理成本的治理效果，且由于脱离了股权分置改革的制度背景，研究结论并不统一。

第三，有关股权激励与投资决策关系的文献中，大多是基于股东与管理者单重委托代理的视角，很少针对大股东与小股东的利益冲突进行研究，然而我国大多数上市公司的形态是股权集中度比较高，存在双重委托代理的关系，如果仅考虑某一重代理关系未免片面。

第四，目前有关股权激励与投资效率的研究多从影响关系的层面进行，极少对股权激励对投资效率的作用机理给予分析。幸运的是，这方面的研究已陆续出现，如罗付岩和沈中华（2013）将“股权激励-代理成本-投资效率”置于一个研究系统中，检验股权激励影响投资效率的作用机制。但是，该研究仅基于股东经营者间的第一重代理问题，而忽视了我国双重委托代理的背景。

第五，在研究方法层面，目前有关股权激励对企业业绩的影响多采用实证研究的方法进行，早期的研究由于数据获取的限制多采用截面数据样本，忽略了股权激励与公司价值研究中存在的内生性问题。另外，也未将双重委托代理问题纳入一个研究框架之中。

针对以往文献存在的不足，本书把“股东-经营者、大股东-中小股东双重代理冲突、股权激励、投资效率和企业业绩”纳入一个研究框架中，对在我国特殊背景下，股权激励对企业财务的作用效果及影响机理进行更深层次的研究，同时采用案例研究的方法深入研究股权激励对企业价值的影响效果及机理，以期为企业股权激励制度的实施提供理论参考。

2.6 本章小结

本章主要从两类代理成本与企业投资效率、股权激励与两类代理成本、股权激励与企业投资行为、股权激励与企业业绩四个方面对国内外的研究现状进行了综述，并对以往的文献进行了述评，从而提出本书的研究论题。

第3章 相关理论基础

本章结合委托代理理论、信息不对称理论、剩余索取权理论、权变激励理论以及相关投资理论等学科内容，从双重委托代理的角度来全面考察公司股权激励问题。试图构建逻辑框架，对存在第一类代理冲突和第二类代理冲突的企业引入股权激励的效果进行分析，为缓解双重委托代理冲突，提高企业投资效率和经营业绩提供理论依据。

3.1 股权激励理论基础

股权激励制度最早起源于美国，1952年，辉瑞（Pfizer）公司出于有效避税的目的首次在雇员中推出股票期权计划，到了20世纪80年代在西方国家逐步推广，20世纪90年代呈现爆炸式增长，在西方有半个多世纪的发展历程。但人们对股权激励仍存在很多不同的看法，需要在文献梳理的基础上，运用相关的理论去分析股权激励的本质属性。本书的研究主要运用委托代理理论、信息不对称理论、剩余索取权理论、权变激励理论以及新古典厂商投资理论和新制度经济学投资理论来分析股权激励的基本理论问题。

3.1.1 委托代理理论

最初的时候，有关企业的管理和研究主要依据单重委托代理理论。随着理论与实践的逐步发展，学者们逐步发现仅仅依靠单重委托代理理论不能很好地解释企业中存在的各类治理问题，于是，更能指导企业实际的双重委托代理理论呼之欲出。

1. 单重委托代理理论

委托代理理论是过去50年间新制度经济学契约理论的重要发展成果和方向之一。Wilson（1969）、Spence 和 Zeckhavser（1971）、Ross（1973）、

Mirrlees（1976）、Holmstrom（1979、1982）、Grossman 和 Hart（1983）等为这一理论的开创做出了突出贡献。作为新制度经济学契约理论的主要内容之一，委托代理理论主要是对委托代理关系及其所产生的代理问题进行研究。何谓委托代理关系，不同的学者对此有不同的阐释。Ross（1973）最早对委托代理关系的概念进行描述，他认为，委托代理关系是指双方当事人，甲方要求乙方代表其利益，并行使为维护其利益所需要的决策权，甲乙双方的委托代理关系随后产生，甲方为委托人一方，乙方为代理人一方。Holmstrom（1979）则认为，委托代理关系是指委托人和代理人之间建立的一种服务关系，代理人为委托人的利益服务并获得一定补偿。本书对委托代理关系的定义是借鉴 Bernheim 的定义，他认为委托代理关系是一种契约关系，是指一个或多个行为人（委托人）通过设计一种明示或隐含的契约，把企业的经营决策权力授予给另一些行为人（代理人）行使，使之为其提供服务，并根据代理人提供服务的数量和质量对其支付相应的报酬。Jensen 和 Meckling（1976）也对此做了相似的描述。委托代理关系的产生来源于社会大发展和专业化的分工。在古典企业经营中，经营权与所有权都掌握在企业所有者手中，不存在委托代理关系。随着生产力大发展和股份制的出现，企业所有者由于知识、能力和精力所限不能很好地经营企业，而专业化的分工使大量具有专业知识的代理人涌现，这些人有精力和能力来代替所有者管理企业，委托代理关系由此兴起。

在现代企业组织形式下，由于委托代理关系的存在，企业经营权与所有权分离，委托人是企业所有者，拥有企业的所有权，而经理人是企业的代理人，从事企业的经营管理决策。在两权分离下，委托人与代理人间的利益冲突源于二者效用函数的不完全一致。股东追求的是股东价值的最大化，而经营管理人员则追求自身利益的最大化，如丰厚的薪酬、豪华的办公室、更多的闲暇时间等。且由于信息不对称的存在，代理人的个人信息并不完全被委托人所知，委托人对代理人的行为动机也不能全面知晓，很可能发生逆向选择或道德风险。若缺少有效的制度安排，代理人出于个人私利的考虑，很可能对委托人的利益造成损害，由此产生委托代理问题。正如美国学者 Berle 和 Means（1932）在其著作《现代公司与私有财产》中所指出，公司股权非常分散，任何一个股东都不能对职业经理人产生影响，公司经营控制在企业高管手中。在经营者与所有者目标函数存在差异时，会引发委托代理冲突，产生代理成本。Jensen 和 Meckling（1976）也认为，之所以产生代理成本，主要由以下几个因素造成：①利益诉求的差异；②合同契约不尽完美；③信息不对称。

既然有代理成本的存在，那么如何降低代理成本呢？针对上面描述的代理成本存在的三个因素，激励系统的成立及对代理人的决策行为做出反馈是必需的管理手段，同时要配合必要的奖惩，目的就是尽量使双方的行为一致，降低代理所带来的冲突。

有效降低代理成本，是委托代理双方共同的期望，因为代理成本的降低所带来的利好能被双方所分享，实现共赢。委托代理理论在这种情况下应运而生。针对信息不对称的情况，设计出一套尽量完美的契约，一方面，这种契约能使代理人为了委托人的利益，有动力更加努力地工作；另一方面，委托人在实现期望效用的同时，也能降低代理成本的投入。委托代理理论的核心是在这种委托代理双方利益冲突的天然关系中和信息不对称的情况下，指导建立委托代理双方最后的契约关系，最终降低代理成本。

委托代理理论进一步认为，现代企业中的代理成本主要源于管理者不是企业的完全所有者这样一个事实。Jensen 和 Meckling（1976）在其论文《企业理论：管理行为、代理成本和所有权结构》中指出：代理成本是指在委托代理关系下，委托人为防止代理人损害自己的利益，通过契约关系来监督约束代理人付出的代价。一般认为，当公司的实际管理者不是公司的实际所有者时，经理人为公司工作的积极性及基于公司利益最大化的决策行为等都不能得到最优体现。

经理拥有企业完全的控制权，而拥有的剩余索取权较少，剩余索取权和剩余控制权的不匹配会使经理做出有利于自身私利最大化或在职消费的决策。让管理者持有更多的股权，可缓解因剩余索取权和剩余控制权不匹配导致的代理冲突，降低代理成本。当管理者拥有企业100%的股权时，其享有完全的剩余索取权，就可以消除代理成本。由此可见，代理问题的解决实质就是委托代理双方如何适当地分配剩余的索取权及控制权，同时需要开发出双方均能接受的且有足够的动力去履行好各方责任的合同。基于此，解决代理问题的最优契约方案即是对高管实施股权激励，让高管持有公司股份，成为剩余权益拥有者。通过对高管实施股权激励，让管理者拥有一部分企业股权，这样企业的剩余索取权和剩余控制权便在某种程度上统一于高管手中，从而降低企业代理成本。同时，经营者在获取企业的股权之后，成为企业的特殊股东，具有经营者和股东的“双重身份”。企业经营效益的好坏、公司股价的高低直接影响到经营者的个人利益，经营者的目标函数将与股东利益趋同。

2. 双重委托代理理论

双重委托代理理论是相对于传统的单重委托代理理论而言，并在此基础上，根据上市公司的股权结构特征而渐渐建立起来的理论。此股权结构特征主要是指股权的集中程度，表现为较为集中或高度集中。最早的时候，中国的企业主要是依据单重委托代理理论来进行公司的管理和研究。但一些国家的公司治理实践表明，代理成本冲突除了表现出全体股东与管理者之间的利益冲突外，还表现出投资者之间（如大股东与其他中小股东）的利益冲突。在上市公司中，大股东通过利用他们手中拥有的控制权，给自己带来好处，损害了其他相对弱小的股东的利益。伴随着理论与实践的逐步发展，人们对委托代理理论研究越发深入，逐步发现仅仅依靠单重委托代理理论不能很好地阐述我国上市企业中存在的各类亟待治理的问题，也就是说，单重委托代理理论在实际应用中有着较为明显的缺陷。

Rajan（1992）、Shleifer 和 Vishny（1997）、Pagano 和 Roell（1998）、孙永祥（2001）、唐宗明和蒋位（2002）等诸多专家学者在研究的过程中，从不同角度及程度展示出如下结论：如果上市公司的股权结构存在高度集中或较为集中的特点，那么在这类上市公司中，小股东的利益被大股东侵占是较为寻常的一种情况。最为重要的是，这种情况并没有被单重委托代理理论的研究所重点关注。郑志刚（2007）认为在股权分散特点的基础上搭建起来的单重委托代理理论，没有包含上市公司不同重量级的股东利益发生冲突的情况。单重委托代理理论对股权相对或高度集中的上市公司不具有普遍的解释能力，因此，该理论是存在局限性的。此时，更多的学者开始尝试建立一个对所有上市公司具有普遍指导意义的理论基础。在这种发展趋势下，出现了为解决股权结构相对集中的双重委托代理理论。

冯根福（2004）是第一个提出双重委托代理理论的学者，他发表的观点为：西方的委托代理理论，从本质上讲就是一个单向的委托代理理论，其所构建的理论指导性，仅仅适用于股权分散型的上市公司。此种理论不能为股权相对集中、存在大股东的上市公司提供理论指导。他根据在实际经济活动过程中，股权高度集中的上市公司亟待解决的问题，以单重委托代理理论为基础，构建了一种新的针对股权相对集中的上市公司问题治理的理论。其研究的过程也充分体现了双重委托代理理论更优越的理论性及指导上市公司解决问题的能力，通过双重委托代理理论能更好地处理代理过程中代理成本的优化及降低，将所有股东的利益均衡顾及，从而实现各方利益的共赢。

由上述可知，双重委托代理理论是学者们伴随着经济活动的发展需要，而提出并逐步完善的一种新的委托代理理论，这种理论是弥补了传统理论在实践中出现的差异，从而产生的一种理论解释性更强且能够有效指导实践的全新委托代理理论。该理论框架搭建的主要思路就是想尽办法创造出对公司而言较优的治理结构及治理机制，目的是保障中小股东利益，使公司经理人能按照所有股东的利益需求进行决策，而不是在决策过程中仅仅考虑私人利益或大股东利益。黄健柏和徐珊等（2013）借鉴 F-S 模型，把公平偏好理论与双重委托代理下的股权激励纳入一个研究模型中，对股权激励的效应进行分析，结果表明在双重委托代理分析框架中，股权激励的引入使经理人同时具备所有者和经营者的双重身份，能有效地激励经理人。

因此，股权激励是在委托代理理论的基础上产生和发展起来的。现代公司制企业中普遍存在委托代理成本，为了治理这种代理成本，出现了股权激励制度。也就是股票期权通过赋予公司经理人一定程度的剩余索取权，把企业盈利的机会和风险同时分摊给股东和经理人，使公司经理人利益和风险并担。其个人收入可以设置为公司价值增长函数，从而使其在经营中的决策不能仅仅考虑企业的近期目标，还要考虑公司未来的发展期望与机会，并尽可能不做出错误的决策。另外，当公司的股票上涨时，公司经理人有行使期权的权力，进而能拥有公司的股份，成为企业的一分子。因公司经理人享受到了企业的剩余收益，其利益目标也就同委托人的利益具备了一致性。相反，当公司股票下跌的时候，公司经理人不行使期权的机会，由于其薪酬中有部分是股票期权，从而可以通过经理人与公司利益的一致性达到约束的效果。

3.1.2 信息不对称理论

所谓信息不对称，就是指双方所掌握的信息量是不一样的，有多有少。往往掌握较多信息的一方比掌握较少信息的一方更为主动，而对信息掌握较匮乏的人员，则处于劣势地位。在整个社会的经济活动中，信息不对称的现象是普遍存在的。

最早对信息不对称进行研究的人，是美国经济学家乔治·阿克尔洛夫(George A. Akerlof)。1970年，阿克尔洛夫在论文《柠檬市场：质量的不确定与市场机制》中指出信息不对称存在于二手车市场中，二手车市场买卖双方对车况信息掌握程度存在差异，与买方相比，卖方掌握更多信息。这样买方因为信息不对称，掌握了较少的二手车信息，由此而意识到交易过程中存在的风险，他们为了保护自己的利益，会以低于车辆实际价值的价格同卖方进行谈价，如此循环，将导致二手车市场日益衰败，难以为继。同年，Spence① 和 Joseph E. Stiglitz 也利用信息不对称理论分别对劳动力市场和金融市场进行了研究。Spence 提出，在劳动力市场中存在人才市场的信息不对称现象，求职者为了谋到一个较好的单位，方方面面进行巧妙包装，使用人单位很难辨别出求职者的真实能力。为解决此问题，Spence 提出“获得成本”的概念。他举例说，对于招聘单位来讲，应聘者的学历获得难度越大，可信度也就越高。斯蒂格利茨等三人的理论创新在于，他们指出在传统经济理论中假设市场的双方都具有非常完全的信息是错误的，在实际的经济活动中，并不是每个主体都能知

---

① SPENCE M. Job market signaling [J]. The quarterly journal of economics, 1973, 87 (3): 355-374.

道所有的信息，且在大多数情况下都不知道完整的信息，并且去了解相关信息的能力也非常不足，于是，更多的决策都是在不知道更多信息的情况下完成的，这就与理论的假设存在着严重的矛盾。信息不对称理论的出现正好可以弥补经济学理论假设的漏洞，从而更好地发展了现代经济学理论，使经济学理论更符合实际经济运行的理论需求。

但是，正是由于信息不对称的存在，在实际的社会经济生活中，拥有信息优势的一方会利用信息优势进行危害社会安全和谐的非法勾当。同时，信息不全的一方也面临着交易过程中“逆向选择”，这样就会造成市场机制的扭曲，从而使市场的信息传递失灵，造成对市场的误导。因此，为解决“市场失灵”等一系列问题，就需要更优的体制来应对。

传统经济学假设市场各交易主体之间信息对称，都有完备的信息，在这种情况下代理人的行为均可以受委托人监督，对代理人可以根据其实际表现进行奖惩。这样的推理是基于代理人的各种行为正确与否都是可进行测量的，在这种假设下，该方法可以顺利得以实施。但是，实际情况却与理论不符，现实的经济活动中，市场环境是变幻莫测且不确定的，委托代理双方均存在信息不对称的问题，因此，委托人就不能很好地对代理人的行为进行实际测量，只能根据各种外在因素来判断代理人行为的合理性。在如此情况下，委托代理双方制定的契约就存在不具体、不完整性，就存在缺陷。契约的不完备问题会带来委托代理的问题。在这种情况下，公司经理人就会利用契约的漏洞，在个人欲望的驱使下，利用经营管理过程中所拥有的信息有利的优势来为自己谋利，从而损害公司股东的利益。显而易见，公司股东是不希望发生此类事件的，但是，如果公司经理人做了这些事情，公司股东是很难发现的。正是由于这些原因，公司股东总希望通过合理的契约关系将公司经理人获得的经济利益同公司的收益捆绑在一起，这样，双方利益一致性的驱动能使公司经理人从股东利益最大化角度来考虑问题，进行公司的决策。在各类合约中，最为常用的激励契约就是股权报酬。其本质就是让代理人取得经营决策权的同时占有公司相当比例的股权，这样就将公司代理人的利益最大限度上与公司所有股东的利益结合在一起，实现“一荣俱荣、一损俱损”，这样的利益相关性能极大限度地让公司经理人在重大决策及日常的经济活动中考虑到公司股东的利益，从而实现委托、代理双方的共赢。

3.1.3 剩余索取权理论

科斯（Ronald Coase）开辟了企业的契约理论①，在经过社会实践的检验

---

① 科斯于 1937 年发表了《企业的性质》，指出企业是一系列契约的集合。

后，尤其是经过哈特等经济学家的继承与发扬，契约理论已经成为现代企业理论的主流学派。此学派的主要观点就是：将企业描述为一系列契约的整体连接，同时，根据契约的完整程度，把契约分为完全和不完全两类，前者属于契约中的理想类型，双方都能预知合约期间的重要事件，并能根据契约条款执行，当出现问题时，不会有分歧，问题会根据契约得到很好的解决。这种契约还遵守了古典经济学中的基本假设，那就是双方都是理性的经济人，不存在信息不对称的情况，并且市场是完全竞争的环境，不存在垄断，各种要求根据供给由市场自动调配。并且，经济活动中，不存在交易的成本。

然而，在现实经济生活中，拥有私人信息的各方当事人不能平等获得完全相同的信息，存在着信息不对称。而且契约的签订谈判与履约实施等都将产生交易成本。同时，由于知识、信息的局限性和环境的不确定性，人们不能预料与契约有关的一切事情，只能是有限的理性人。因此，在真实的社会经济活动中，这种契约是不可能存在的，不完全契约才应该是现实世界中普遍存在的。相对于完全契约来说，因信息的不对称等一系列古典经济学假设并不存在，这种契约就没有很明确地规定双方在执行契约的过程中的责任、权利及后果。具体经济社会活动中的契约均为不完全契约。在此基础上提出了剩余索取权理论。

Grossman 和 Hart（1986）采用不完全契约理论对企业经营者的激励问题进行了研究，指出事前签订完全的契约具有非常高的交易成本，因此，在现实中签订的契约总是不完备的。而企业契约的不完备性决定了剩余索取权和剩余控制权的存在。因为完备的契约意味着所有的控制权和受益权都已在合约中拟定清楚，那么也就没有“剩余”之说，剩余索取权和剩余控制权也就不可能存在。企业的剩余索取权包括不承担风险的合同收入索取权和承担风险的剩余索取权，后者指的就是不完备契约中未明确规定的收入索取权。为了治理这种契约的不完备性，企业控制权的分配也非常重要。剩余索取权的大小取决于控制权的大小。在现代产权经济学中，对剩余索取权的定义是“通过企业产权制度的安排，使企业所有权人取得扣除所有签约要素报酬之后剩余收入的权利”，包括企业持续经营期间利润的共享及破产清算时依法或按约分配剩余财产的权利。而剩余控制权指的是未在契约中明确规定其归属的对剩余资产的特别权，是决策权的归属。企业制度便是通过分配剩余索取权和剩余控制权来解决激励机制问题的。

Alchain 和 Demsetz（1972）从“团队生产”① 的角度对企业管理者的剩余

① Alchain 和 Demsetz（1972）的“团队生产”概念中包括三个不可缺少的条件：一是使用了几种类型的资源；二是产品不是各项相互合作的资源的独立产出之和；三是团队生产中使用的所有资源并不属于一个人所有。

索取权问题进行了阐释。他们认为企业是一种团队生产方式，最终产品是团队各成员共同努力的结果。由于每个成员的努力程度很难得到精确观测，各成员无法按照其真实贡献来获得相应的报酬，于是产生偷懒或“搭便车”的心理。为有效解决这一问题，可选择一部分成员作为监督者专门从事监督工作，并通过让监督者享有来自团队生产的剩余索取权来对其进行激励。Hart 和 Moore（1989）通过对产权与公司的本质进行研究，认为最优的企业产权契约是把企业剩余索取权与剩余控制权集中对称地分配给企业所有权人。Hart（1995）又进一步论述了剩余控制权与剩余索取权结合在一起的理论依据①，指出把剩余控制权和剩余索取权结合起来，就可以让决策者承担相应财务后果，出于自利动机的考虑，他会尽可能地做出有利于提高公司效益的决策而避免有损企业利益的决策。Hart 和 Moore 从不同的角度分析了剩余索取权与剩余控制权相匹配的必要性。张维迎（1995）也指出把企业剩余索取权和剩余控制权实现最大对应的机制是最优激励机制。他认为剩余索取权和剩余控制权应集中赋给最不易监督、最拥有私人信息优势的人。在企业中，经营者处于信息优势地位，且经营者的努力效果不容易被他人所监测。最好的办法就是给他们享有剩余收入的权利，即剩余索取权，让他们进行自我监督。

通过对经营者实施股权激励，使经营者在享有控制权的同时，分享部分剩余索取权，以保证经理人力资本经济效能的最大释放，且间接控制经理人力资本的流失和价值的缩水（比如难以观测到的偷懒行为等）。换句话说，对经理实施股权激励既是对他们人力资本价值不可替代作用的承认和肯定，同时又能成功地将管理层收益与企业整体利益捆绑在一起，有利于减少经理的短期行为及降低股东对其进行监督的成本，起到激励约束相容的效果，缓解代理冲突。另外，从经理人力资本的专用性特征来看，股权激励以期权的形式让企业经理获得了企业剩余索取权，可以避免这种专用性资产退出企业或要挟而造成的巨大损失。总之，高管股权激励作为一种把经理人员个人收益与股东收益相挂钩的人力资本激励方式，已经被越来越多的公司所采用。

3.1.4 权变激励理论

1976 年卢桑斯在《管理导论：一种权变学说》一书中，全面介绍了权变激励理论，这意味着权变激励理论的诞生。该理论认为不存在一个放之四海而

① Hart（1995）指出，如果剩余索取权与剩余控制权是分离的，那么这种情况就会造成套牢（hold up）问题；在某些情况下，由于对资产收益流很难做出全方位的测度，剩余索取权与剩余控制权的分离甚至是行不通的；剩余索取权与剩余控制权的分离，会造成公司控制权市场的无效率。

皆准的方法，主张以权变的思维方式来分析过程以探索有效性规律。根据权变激励理论，公司高管股权激励系统的设计应该综合考虑所有的权变影响因素，不仅包括公司内部治理结构、企业经营特征，还应考虑公司经营管理人员的特征、企业文化和外部市场标准等（李平，2004）。如果抛开公司治理的影响因素，单纯考虑股权激励的强度与企业绩效之间的联系，相当于把公司治理视为外部变量进行静态分析，得出的结论会存在偏差；而如果把公司治理考虑进来，则所有的变量都成为内生变量，进行的分析也是动态的，结论就更稳定，企业可以根据公司的治理结构选择合适的激励方式（周守华，2008）。权变激励理论的意义并不在于明确地进行权变说明，而在于树立一种权变激励观的观念。

3.2 投资理论基础

企业投资理论随着市场的发展不断演进，目前主要方向有新古典厂商投资理论和新制度经济学投资理论。新古典厂商投资理论主要包括凯恩斯主义投资理论、加速器投资理论、新古典投资理论和托宾 Q 理论。新制度经济学投资理论是在新制度经济学的基础上发展起来的，主要包括信息不对称条件下的企业投资理论和委托代理条件下的企业投资理论。

3.2.1 新古典厂商投资理论

1. 凯恩斯主义投资理论

20 世纪 30 年代，美国经济大萧条时期，凯恩斯发表了著名的《就业、利息和货币通论》（以下简称《通论》），在《通论》的基础上结合美国当时的社会经济发展现状，从而形成了凯恩斯主义投资理论。其理论不同于古典经济学的观点，后者认为，企业投资的需求总和总是通过利率的变动自动调整与储蓄水平相等的。

凯恩斯在《通论》中使用资本边际效率来说明投资动机、投资前景及投资诱因。他把资本边际效率定义为一种资产的未来收益与它的供给价格或重置成本之间的关系，即该类资本增加一个单位的未来收益与多生产一个单位产品的成本间的关系。他认为资本边际效率等于贴现率，该贴现率能够使资本资产在其寿命期内所预期获得的收益的现值恰好等于该资本资产的供给价格，因此又可以称为投资的预期收益率。他把利率看作投资的资本成本，企业的投资决策取决于资本边际效率与利率的关系。如果资本边际效率等于利率，投资规模既不扩大也不缩小；如果资本边际效率比利率高，则扩大投资规模；如果资本边际效率比利率低，则缩小投资规模。

由于资本边际效率在短期内不易改变，因而政府常常通过调节货币数量来影响利率，进而调节投资。当投资过热时，政府通过提高利率来抑制投资；相反，当投资不足时，就可以通过降低利率来刺激投资。但由于货币的生产弹性和替代弹性都非常小，因此，凯恩斯认为利率政策在经济萧条时期刺激投资方面的作用非常有限。

2. 加速器投资理论

加速投资原理最早是由克拉克于 1917 年提出，后经哈罗德（1939）、库约克（1954）等的不断完善，形成了具有影响力的加速器投资理论。克拉克（1917）的加速原理和凯恩斯（1936）的乘数原理曾经是分析投资波动的理论核心。在宏观经济学中，投资变化引起国民收入变化的效应称为投资乘数（investment multiplier），而国民收入变化引起投资变化的效应称为加速器（accelerator）。

哈罗德根据克拉克的加速投资原理提出了著名的简单加速模型——哈罗德模型（有时也称为克拉克模型），模型的基本形式如下：

$$K_t^* = vY_t \tag{3-1}$$

其中，K_t^* 为最佳资本存量，v 是资本-产出比率，称作加速系数，Y_t表示第 t 期的生产量。

加速器投资理论的实质是，对资本品的需求是一种引致需求（derived demand），传导关系如下：产出需求的变化→资本存量需求的变化→投资。因此，若产量由 Y_{t-1}增加到 Y_t，则资本设备存量必须增加，其增加值 I_t为

$$I_t = K_t^* - K_{t-1}^* = vY_t - vY_{t-1} = v(Y_t - Y_{t-1}) \tag{3-2}$$

哈罗德的简单加速模型对投资理论的发展有着深远的影响。然而，由于模型基于两个严格假设：①企业资本存量的调整可随时进行；②产出以固定比例转化为资本，模型的实证效果不尽如人意。鉴于此，库约克（1954）在哈罗德模型的基础上做了进一步的拓展，提出了伸缩加速模型。在库约克的模型中，他假设资本存量的调整只能部分地进行。库约克认为，企业的最优资本函数仍为 $K_t^* = vY_t$，但是，企业在具体的投资活动中不会像函数规范的那样对企业的资本存量进行优化，实际情况往往是要观望一段时间，然后再根据市场的表现决定是否进行投资。如此这般，影响当期资本存量的不仅是本期的存量，还与往期的产出情况有关。其对当期资产数量的影响是几何递减的，即

$$I_t = \lambda(K_t^* - K_{t-1}) + \lambda(1-\lambda)(K_{t-1}{}^* - K_{t-2}) + \lambda(1-\lambda)^2(K_{t-2}{}^* - K_{t-3}) + \lambda(1-\lambda)^3(K_{t-3}{}^* - K_{t-4}) + \cdots \quad (0 < \lambda < 1) \tag{3-3}$$

$$I_{t-1} = \lambda(K_{t-1}{}^{*} - K_{t-2}) + \lambda(1-\lambda)(K_{t-2}{}^{*} - K_{t-3}) + \lambda(1-\lambda)^2(K_{t-3}{}^{*} - K_{t-4}) + \lambda(1-\lambda)^3(K_{t-4}{}^{*} - K_{t-5}) + \cdots \quad (0 < \lambda < 1) \tag{3-4}$$

由上述 I_t、I_{t-1} 的表达式可整理出

$$I_t = \lambda(K_t{}^{*} - K_{t-1}) + (1-\lambda)I_{t-1} \tag{3-5}$$

将 $K_t^* = vY_t$ 代入以上投资函数，可得到

$$I_t = \lambda(vY_t - K_{t-1}) + (1-\lambda)I_{t-1} = \lambda vY_t - vK_{t-1} + (1-\lambda)I_{t-1} \quad (0 < \lambda < 1) \tag{3-6}$$

这里，λv 表示伸缩的加速度因子，当 v 固定时，λ 的大小就表示了资本存量调整的速度。当 λ 等于 1 时，该模型与哈罗德模型一致。

虽然库约克的伸缩加速模型在一定程度上反映了资本调整的滞后性，但仍然具有一定的局限性，如不存在资金闲置、资本设备存量与产出间存在固定比例关系等假设与现实经济运营存在差距。

3. *新古典投资理论*

新古典投资理论创立于 20 世纪 60 年代初，是由美国经济学家 D. W. 乔根森提出的，后经卢卡斯等人研究得到了发展。这种理论的核心是对企业这个微观的经济载体进行研究分析，建立生产函数，利用函数现值的最大值来确定是否进行投资。这样该理论就弥补了其他理论只研究宏观经济来确定投资水平的缺陷，并承认生产要素之间具有相互替代性。乔根森在道格拉斯函数的基础上，以生产过程中生产者的利润最优为原则，同时考虑经济活动中存在影响的各种因素，运用边际分析法，整理出了新古典投资理论的最优资本函数：

$$K_t^* = b(P_t/C_t)Y_t \tag{3-7}$$

其中，b 是柯布道格拉斯生产函数产出相对资本的弹性，P_t 是产出价格，Y_t 是产出水平，C_t 为资本的使用成本。资本的使用成本 C_t 又由资本价格、实际利率和折旧率决定，即

$$C_t = q_t(r + \delta) - qw_t \tag{3-8}$$

其中，市场价格由 q_t 代表，r 和 δ 分别代表实际利率和折旧率，qw_t 表示的是时间收益。

虽然最优资本函数包含了价格、产出、利率等多种经济因素，相比加速器投资理论有了较大的扩展，是一个相对全面、相对完善的动态资本函数，但该理论仍然没有更好地解释外部机会对企业投资的影响。

4. *托宾 Q 理论*

所谓托宾 Q 理论，就是美国耶鲁大学教授 James Tobin 于 1969 年提出的一

个著名的系数（通常被称为托宾 Q 系数）。该系数为公司市场价值与其资产重置成本的比值，分子公司市场价值是金融市场上公司资产的评估价值，包括股票市值和债务市值，分母资产重置成本是指当前买下上市公司所有资产，达到公司现有状态所花费的实际资本。

托宾 Q 理论的意义在于它提供了一种有关股票价格和投资支出之间的相互关系，在虚拟经济和实体经济中间架起了一座桥梁，能广泛应用于货币政策和企业价值等方面的研究分析。如果货币政策制定把资本市场的变动作为考虑因素，那么托宾 Q 理论将成为政策研究及政策制定的重要工具。同时，由于托宾 Q 理论考虑了企业的市场价值与资产的处置价值，增加了对影响企业投资的预期因素的考虑，因此托宾 Q 值也常常被用于衡量公司成长机会。一般来说，当 $Q>1$ 时，企业面临较好的成长机会，市场对其有较好的预期。可见，托宾 Q 理论弥补了加速器投资理论和新古典投资理论对预期因素关注不足的缺陷，应用更加广泛。然而，托宾 Q 模型的成立隐含了对资本市场有效的假定，在现实中，鉴于资本市场发展的不完善，未能满足市场有效性假设，托宾 Q 理论在我国的应用存在诸多局限，尽管如此，它依然为投资函数的分析提供了一个较好的方法。

3.2.2 新制度经济学投资理论

古典投资理论假定资本市场上具有完全信息，投资主体的目标是实现价值最大化，最优资本存量取决于新增投资是否对公司价值发挥积极作用。然而，由于古典投资理论苛刻的假设条件在现实经济活动中很难满足，古典投资理论在实际运用中遇到了巨大挑战。随着新制度经济学的发展，以及委托代理理论、信息不对称理论、信号传递理论、产权理论等的兴起，企业投资理论也取得了进一步发展。新制度经济学投资理论不仅是在古典投资理论的基础上放宽假设，更重要的是学者们开始融合信息不对称、代理冲突、交易费用等因素对企业投资行为进行多角度交叉分析，研究目标更加贴近现实，实现了理论与实践的统一。

1. 信息不对称下的企业投资理论

信息不对称理论起源于 Akerlof① 对二手车市场的研究，是指交易双方占有的市场信息不对等，卖方比买方掌握更多的产品信息。用在资本市场中，即指不同的市场参与者拥有的信息不完全一样，内部管理者比外部投资者掌握更

① AKERLOF G. The market for lemons: qualitative uncertainty and the market mechanism [J]. The quarterly journal of economics, 1970, 84 (3): 488-500.

多的企业信息。信息不对称分为事前信息不对称和事后信息不对称，与事后信息不对称易引发道德风险一样，事前信息不对称容易导致逆向选择。逆向选择是指由于资本市场信息不对称的存在，企业资源配置扭曲的一种现象。在交易双方签约前，由于信息不对称的存在，掌握信息较多的一方可能利用其掌握的信息优势做出对自己有利而有损对方利益的行为，信息劣势一方出于对这种行为的担心而采取的契约安排可能导致契约定价扭曲，从而严重影响市场运行效率，使资源配置偏离最优。当资本市场上的外部投资者因信息不对称无法获取有关企业资产的特有信息时，通常依据所投项目的平均价值对融资企业进行估价。当融资企业发行的股价高于其预期时，他们在投资时就会要求较高的回报率以弥补其承担的额外风险，使部分优质企业面临较高的外部融资成本，或难以筹集到所需资金，可能发生投资不足。而对于一些次级企业，其价值可能被市场高估导致发生投资过度。

Jaffee 和 Russel① 研究了债务市场借贷双方信息不对称对企业投资行为的影响。他们认为债权人和债务人在投资项目未来现金流量信息方面获取的信息不对等，债权人预期自己处于信息劣势地位，为了降低预期所承担的信贷风险，债权人会做出逆向选择的行为。比如，债权人可能会要求更高的利率加以补偿，或减少甚至放弃对企业的贷款，增加企业的融资成本，使企业无法筹集到足够的资金进行投资，迫使企业放弃净现值大于 0 的项目，产生投资不足。Stiglitz 和 Weiss（1981）从信贷配给的角度，对信息不对称条件下企业的投资不足行为进行了解释。他们发现，由于信息不对称的存在，银行无法甄别债务人的信用状况，为了避免资信好的债务人退出市场产生逆向选择行为，或降低借款人选择更高风险项目的道德风险行为的可能，降低银行贷款的整体风险水平，即使信贷市场资金供不应求，银行依然会选择一个不算高的贷款利率。在这种情况下，资金信贷配给成为信贷资本市场的均衡常态，此时即便企业愿意接受贷款方开出的贷款条件，贷款请求仍然可能遭受拒绝，从而使一些企业无法为风险高但预期报酬也高的项目筹集到资金，导致投资不足。Lensink 和 Sterken（2001）结合等待期权对信贷市场信息不对称条件下的企业投资行为进行了研究，发现在不考虑等待期权价值的情况下，企业会出现投资不足行为，但如果引入公司等待期权，则企业会产生过度投资。

逆向选择不仅存在于债务市场，在股票市场中同样会发生。Myers 和 Majluf（1984）较早对股票市场信息不对称下企业的投资行为进行了研究。他

① JAFFEE D M, RUSSELL T. Imperfect information, uncertainty, and credit rationing [J]. The quarterly journal of economics, 1976, 90 (4): 651-666.

们构建了信息不对称条件下的企业投资决策模型，研究发现，由于信息不对称的存在，企业内部人比市场投资者拥有更多有关企业投资项目预期收益的信息，外部投资者获取投资项目信息的渠道只能依据内部人融资方式的选择所传递的信息。内部管理者在股价被高估时选择发行新股进行筹资，但因信息不对称，外部投资者则可能认为发行新股通常意味着管理人员对投资项目的预期收益缺乏信心，从而拉低新股发行价格，提高股权融资成本，进而导致内、外部资金的成本差异，公司无法以与内部资金相同的成本筹集到外部资金，其投资支出高度依赖内部融资而出现投资不足。以 Myers 和 Majluf（1984）的研究为基础，Narayanan（1988）、Heinkel 和 Zechner（1990）等人深入分析了信息不对称的现状对公司决策行为的影响，研究显示，当信息不对称仅仅限于新投资项目的价值时，权益融资也有可能导致投资过度的发生。原因在于，股票市场是用平均价值对新项目进行定价的，在均衡的资本市场中存在很多不同大小净现值的项目。净现值较低的企业会在出售高估价格的股票中受益，而且这种受益的情况远远大于在投资净现值小于 0 的项目中的损失，针对这种情况的存在，企业就会出现不赚钱的项目也会进行投资，结果就是产生了过度投资的情况。

Fazzari 等（1988）以融资优序理论为基础，针对信息不对称下的融资约束问题进行了实证研究。他们认为当企业面对融资约束情形时，由于外部资金成本高于内部资金成本，公司偏好于用内部资金进行投资，公司投资支出与内部现金流之间呈相关关系，公式表示如下：

$$I = \beta_0 + \beta_1 CF + \beta_2 Q + \varepsilon \tag{3-9}$$

其中，I 代表投资支出；Q 代表投机机会；CF 为内部现金流；β_1 是指投资-现金流敏感度，反映了公司受融资约束的程度。

FHP（1988）认为较为成熟的企业获得外部资金难度相对较低，可以向股东多支付一些股利；不成熟的企业资金取得渠道比较有限，所以向股东支付较少的股利，而将更多的资金保留在企业内部用于满足投资支出所需。他以股利支付率的高低对企业进行预先分组，假定股利支付率高的企业（成熟性企业）融资约束程度低，股利支付率低的企业（不成熟企业）融资约束程度高。检验结果表明，股利支付率低的企业投资支出-现金流敏感度确实更高。由此认为，投资支出-现金流敏感度很好地反映了企业遭受融资约束的程度。

2. 委托代理下的企业投资理论

20 世纪 30 年代，Berle 和 Means 在其《现代公司与私有财产》一书中提出了著名的委托代理理论，成为现代公司治理研究的开创者。委托代理关系产生的根源是企业所有权与控制权的分离，代理方控制着资源的经营控制权。在委托、代理双方信息不对称以及契约不完备的情况下，代理人能够利用其拥有的控制权寻求私人利益的最大化，而非委托人利益的最大化。委托方与代理方利益函数的不一致导致二者之间存在代理冲突，并会影响企业的投资行为。比较典型的委托代理关系主要存在于公司股东与经理人、股东与债权人、大股东与小股东之间。

1）股东-经理人委托代理冲突对企业投资行为的影响

现代企业因为经营权和所有权的分离产生了管理者与股东之间的代理问题，作为公司所有者的委托人股东，其目标是公司价值最大化；而作为代理人的管理者，其目标是获得更多的薪酬、拥有舒适奢华的办公环境、有较多的假期和稳固的职位。股东与管理者之间的目标利益函数的不一致，产生股东与管理者之间的委托代理问题，代理问题对资本投资决策的影响机制主要在于管理者对其私人成本和私人收益的权衡。由于能够控制更多的资源从而获取更多私人收益，出于薪酬和职位稳固的考虑，管理者具有扩大公司规模、追求投资规模扩张的倾向。同时，契约不完备性的存在，更加剧了管理者以损害股东利益为代价获取私人收益，将公司财富转化为个人利益的动机。管理者追求个人私利的行为会导致公司资本投资决策的扭曲。

Jensen 和 Meckling 对公司经营者与股东之间的代理问题进行了系统研究。他们认为，内部经营者获得企业剩余索取权的多少取决于其持股比例的大小。在两权分离的现代公司里，企业管理人员作为外部股东的代理人，拥有公司资源的实际控制权，但占有较少的公司股票份额，甚至不持有公司股票。剩余索取权与控制权的不匹配，致使管理者追求的目标函数与股东目标偏离。公司经理与股东之间目标函数的不一致，可能使公司经营表现出多种形式的代理问题，并影响公司投资决策。

（1）“帝国建造”。国外大量的学者研究表明，管理者的私人收益来自对企业资源的控制，随着公司规模的扩大，管理者控制的资源越多，管理者获取的私人收益就越丰厚。因此，为了攫取更多的私人控制权收益，公司经理人往往偏好于构建自己的“企业帝国”（Williamson，1964；Jensen，1986；Stulz，1990）。经理人在“帝国建造”心理的驱使下，倾向于把公司内部自由现金流投入不能为股东创造价值但对自己有利的项目中去，而不是以红利的形式发放给股东，从而造成公司出现过度投资问题。

（2）声誉提升。Narayanan（1985）研究发现，管理者为了迅速建立其在人力资本市场中的声誉，或者维护他们的声誉不受到损害，常常以股东长期利益为代价，把资金投放于回报周期短的项目，即使这些项目的净现值从长期来看可能为负。也有研究发现，经理人为避免投资失败从而使声誉受损，可能采取投资的“羊群行为”。一旦投资获得成功，则认为经理人具有较高的认知能力；如若失败，其他大多数经理人也会失败，则可把失败的原因归咎于经理不可控的风险（Scharfstein Stein，1990）。

（3）职业担忧。研究表明，管理者出于职业安全的考虑，既可能表现为投资不足也可能表现为投资过度。前者认为管理者担心投资失败影响职业前景，从而可能放弃虽然对股东有益但是风险较大的投资项目，造成投资不足。Holmstrom 和 Costa（1986）对这一观点进行了证实，他们指出新项目的业绩能够传递有关管理者能力的信息，若不进行投资，则没有信息可传递。企业管理者为了不让市场据此对其能力做出评判，可能不愿意进行新项目投资。后者以 Baker（2000）的研究为代表，认为有些管理者由于不愿承认投资失败，可能对以往投资形成但当前净现值为负的项目继续追加投资，而不是将其清算或退出，造成投资过度。Shleifer 和 Vishny（1989）也证实了管理者基于职业安全的考虑，可能会采取过度投资决策。

2）大小股东代理冲突对企业投资行为的影响

自 Shleifer 和 Vishny（1997）指出控股股东与小股东之间存在代理冲突以来，现代企业的委托代理问题不再仅仅体现在股东与管理者双方的利益矛盾，而更为明显地体现在大小股东双方之间的利益不平衡。控制性大股东的存在，一方面解决了在股权分散情况下，小股东监督管理者“免费搭车”问题；另一方面在股权集中的所有权结构下，现金流控制权的收益被内部的大股东及外部的其他股东一起分享，而大股东往往能获取比其持股比例高的额外的其他收益，即控制权私有收益。由于控制性股东能够获得中小股东不能得到的独享控制权私有收益，因此在资本投资决策方面，控制性股东会将获取控制权私有收益而非公司价值最大化作为其资本投资决策目标，容易出现控制性股东出于对自身私利的考虑而侵占中小股东利益的问题。

（1）控股股东攫取小股东利益的前提：股权集中。近年研究发现，除英美等少数几个国家或地区的企业股权分散外，世界上大多数国家或地区的企业股权是相对集中的（La Porta 等，1999；Faccio 和 Lang，2002）。当少数大股东掌控着企业的大部分股权时，他们有足够的权力来控制上市公司，通过影响上市公司的各种决策来谋取个人私利。Shleifer 和 Vishny（1997）认为，控股股东一旦能够控制公司，他们就会侵占公司资源，损害其他中小股东和利益相关者的利益。这个时候，中小股东往往是处于弱势的一方，面对这种情况的发生，中小股东是无能为力的。Claessens 等（2002）也发现，在新兴市场国家中的企业，尤其是家族企业，股权集中度越高，控股股东对小股东的掠夺就越严重。

（2）控股股东攫取小股东利益的主要根源：控制权和现金流权的分离。

事实上，股权集中并非必然造成大股东攫取控制权私有收益，控股股东对中小股东利益的掠夺需要在特定的条件下才能实现。首先，如同股东与经理人的代理冲突源于剩余索取权与控制权的分离一样，大股东与中小股东的代理冲突离不开控制权和现金流权的分离。通常在“一股一票”的原则下，若控股股东直接持有上市公司的股份，则控制权和现金流权是合一的；反之，两者就会产生分离的情况。当控制权与现金流权发生分离时，控股股东通过持有较少的股份就能达到控制上市公司的目的。一旦掌握了企业的控制权，控股股东就以各种合法或非法的手段将上市公司的资源输送给自己。Johnson 等（2000）研究发现，在企业控制权和现金流权相分离的情况下，大股东为攫取控制权私有收益，存在“掏空”行为。控股股东通过金字塔结构以资产出售、转移定价、现金盘剥等内幕交易形式转移企业资源，谋取控制权的私有收益。其次，控股股东有效攫取私有收益，离不开外部资本市场的欠缺。不完善的资本市场中，监管法律和信息披露机制尚不规范，小股东利益很难得到有效保护，小股东普遍存在“搭便车”现象。同时，控股股东与小股东之间存在严重的信息不对称，小股东处于信息劣势，也给控股股东提供了更多掠夺公司资源的机会。

（3）控股股东攫取控制权收益对其投资行为的影响。大股东或控股股东常常通过左右上市公司的投资决策，来套取金钱上的私人利益，比如利用其手中的控制权以高于市场水平的价格向上市公司出售其法人资产，或者向能给其在生产上带来协同效用的产业进行投资。John 和 Nachman（1985）较早基于控股股东与小股东之间的利益冲突对企业的投资不足的情况进行了分析，结果体现为，当公司中绝对的大股东同弱小的中小股东的利益相左时，企业管理人员最终的决策往往是以实现大股东利益的最大化，而非为了公司内部所有股东的利益最优为行动目标。如果这个时候公司利用发行新的股票来完成资金融入，那么公司在投资上就会表现为投资不足。

Aggarwal 和 Samwick（2006）研究也表明，在股权集中的结构下，企业投资决策以控制权收益最大化而非企业价值最大化为目标，导致了非效率投资的产生。正是由于信息的不对称，在实际的不完全的资本市场上，委托、代理双方很容易产生投资不足或过度投资的现象。如果公司投资决策超过最优的投资水平，那么就会产生过度投资的情况，反之，就会因利益冲突而产生投资不足的情况。若要在多种复杂的利益协调中提高公司的投资效率，必须制定合理完整的激励和约束机制，以缓和各利益相关者的利益冲突。

3.2.3 企业投资效率度量模型

现有文献对企业投资效率的考察中，影响最大的主要是以下三种测度方法。

1. FHP 投资-现金流敏感性模型

1988 年，Fazzari、Hubbard 和 Petersen 建立了投资-现金流敏感性模型，简称 FHP 模型。从敏感性角度判断公司有大量自由现金流时的投资行为，后经 Carpenter（1995）、Kadapakkam 等（1988）、Lyandres（2007）等学者不断加以完善。其一般形式如下：

$$Inv = \beta_0 + \beta_1 \times CF + \beta_2 \times Tbq + \beta_3 ControlVar + \sum Year + \sum Ind + \varepsilon \tag{3-10}$$

在模型（3-10）中，Inv 代表企业年度新增资本投资水平，CF 为公司内部自由现金流，Tbq 代表其投资机会，ControlVar 为控制变量，主要包括企业规模、资产负债率、上一年度资本投资、现金持有量、主营业务收入、股票年度收益率等。β_1 显著大于 0 时，说明资本投资对企业内部现金流敏感。β_1 值越大，说明敏感性越高，资本投资过度依赖内部现金流，偏离最优的投资水平越严重。值得注意的是，该模型还可以将待检验的变量与自由现金流 CF 交乘，用以测试该变量对企业自由现金流 CF 的影响。FHP 模型被国内外学者广泛接受并采用（Hoshi 等，1991；Houstou 和 James，2001），研究成果大致有两类：第一类通过分组检验来考察不同组别偏离资本投资最优水平的根源；第二类将检验变量和自由现金流 CF 交乘，测试该变量对企业内部现金流的影响。

我国学者江伟（2005）通过该模型考察了大股东持股比例对公司投资现金流敏感性的影响，发现二者呈正相关关系；支晓强和童盼（2007）发现上市公司投资现金流敏感性受到融资约束和代理冲突的影响，在研究管理层报酬和投资现金流敏感性的关系时，发现控股股东的性质不同带来的影响差异很显著。罗琦等（2007）进一步研究发现，我国上市公司内部现金流与资本投资之间敏感性根源在于融资约束和代理冲突。其中，融资约束是造成国有控股企业投资-现金流敏感性的主要原因，代理冲突是造成地方国有企业、民营企业投资-现金流敏感性的主要原因。

2012 年，Mclean① 在 Fazzari 等（1988）等学者的研究基础上，用融资约束和投资效率两个因素来表示企业的投资效率，建立模型。主要思路是：预测滞后一期的现金流及 Tbq 与企业投资间的关系。

---

① MCLEAN R D, ZHANG T Y, ZHAO M X. Why does the law matter? Investor protection and its effects on investment, finance, and growth [J]. The journal of finance, 2012, 67 (1): 313-350.

$$\frac{V_t}{A_{t-1}} = \beta_0 + \beta_1 \times \frac{CF_{t-1}}{A_{t-1}} + \beta_2 \times Tbq + \beta_3 ControlVar + \sum Year + \sum Ind + \varepsilon \tag{3-11}$$

其中，V 是投资水平，A 是固定资产，需要滞后一期，即期初固定资产。

$$\frac{V_t}{A_{t-1}} = \beta_0 + \beta_1 \times \frac{CF_{t-1}}{A_{t-1}} + \beta_2 \times Tbq + \beta_3 \times \frac{CF_{t-1}}{A_{t-1}} \times TestVar + \beta_4 \times Tbq \times TestVar + \beta_5 ControlVar + \sum Year + \sum Ind + \varepsilon \tag{3-12}$$

在公式（3-12）中，用投资对现金流和对 Tbq 的敏感性来度量企业的融资约束和投资效率。同时引入待检验变量 TestVar 与现金流和投资机会进行交乘，来验证该变量对企业融资约束和投资效率的影响。

国内学者陈德球等（2012）用该模型考察了我国地方政府质量对企业资本配置效率的影响机理，发现政府质量与投资和现金流敏感性呈负相关关系，与投资和 Tbq 敏感性呈正相关关系，由此可以看出，政府质量可以明显改善企业投资效率。

2. Vogt 的投机机会与现金流交乘项判别模型

$$Inv = \beta_0 + \beta_1 \times CF + \beta_2 \times Tbq \times \beta_3 ControlVar + \sum Year + \sum Ind + \varepsilon \tag{3-13}$$

$$Inv = \beta_0 + \beta_1 \times CF + \beta_2 \times Tbq + \beta_3 \times CF \times Tbq + \beta_4 ControlVar + \sum Year + \sum Ind + \varepsilon \tag{3-14}$$

该模型中，相关变量定义同前。模型（3-13）用来检验企业的内部现金流与资本投资之间的相关性。β_1 显著为正，说明企业投资对内部现金流反应敏感。模型（3-14）进一步检验了投资与内部现金流敏感的原因。将 CF 与 Tbq 进行交乘，当交乘项系数 β_3 显著为负，说明投资过度，反之则表明投资不足。我国学者何金耿和丁加华（2001）、唐雪松等（2007）、李维安和姜涛（2007）、张纯和吕伟（2009）、张功富和宋献中（2009）等在研究时都曾采用过该模型。

但是，Vogt（1994）模型只能从整体角度判断全样本公司是投资不足还是过度投资，并不能判定每一家公司的具体情况，更不能给出非效率投资（投资不足还是过度投资）的具体数值。学者们利用该模型得出的研究结果往往都一样，即我国上市公司从整体上判定属于过度投资，该结论的意义不是很大，并没有深究过度投资、投资不足的根源及抑制措施。学者们在这一模型的思路上，继续深入研究，得出了非效率投资的根源：代理冲突会导致过度投资，而融资约束易导致投资不足。

3. Richardson（2006）非效率投资的残差度量模型

Richardson（2006）在 Vogt（1994）模型的基础上，寻找克服该模型缺陷的方法，构建了一个真实衡量企业是投资不足还是过度投资的模型，其模型如下：

$$\text{Inv}_{\text{new},\ t} = \beta_0 + \beta_1 \times \frac{V_t}{P_{t-1}} + \beta_2 \text{ControlVar} + \sum \text{Year} + \sum \text{Ind} + \varepsilon \tag{3-15}$$

模型（3-15）中，$\text{Inv}_{\text{new},\ t}$ 表示第 t 年新增的资本投入，$\frac{V_t}{P_{t-1}}$ 为投资机会，是企业价值与权益市价的比值，其他变量定义仍同前。其中，新增资本投入 $\text{Inv}_{\text{new},\ t}$ 分为预期资本投入和非预期资本投入，预期资本投入是投资净现值为正的项目投资。该模型的拟合值代表企业预期投资，残差项代表企业的非预期投资水平，当残差 ε 大于 0 时表示企业过度投资，小于 0 时表示企业投资不足。

Richardson（2006）模型可以具体度量出企业是投资不足还是过度投资，有利于从微观层面进行分类考察资本投资效率，便于学者深入研究和寻找非效率投资的根源，得到了国内外学者的广泛采用。国内学者杨华军和胡奕明（2007）、辛清泉等（2007）、魏明海和柳建华（2007）、程仲鸣等（2008）、王彦超（2009）、姜付秀等（2009）、钟海燕等（2010）、张会丽和陆正飞（2012）等都在研究中对该模型进行了运用。其中，辛清泉等（2007）利用该模型检验了高管薪酬对公司资本投资行为的影响；魏明海和柳建华（2007）利用该模型检验了内部治理机制对公司资本投资行为的影响；程仲鸣等（2008）利用该模型检验了地方政府对公司资本投资行为的影响；钟海燕等（2010）用该模型检验了控制权对公司资本投资行为的影响。研究结论和相关建议均具有一定的价值，也证明了该模型的可行性。本书后续实证研究对投资效率的衡量也采用该模型。

3.3 双重委托代理下的股权激励分析框架

3.3.1 第一重委托代理下股权激励分析框架

第一类代理冲突是指在股权分散的上市公司中，不持有股权或者仅持有很少股权的管理者掌握着企业的经营决策权，但对公司的经营收益不享有剩余索取权，导致高管人员会为了追求个人私益最大化，决策与股东利益相违背而增加代理成本。传统委托代理理论认为解决代理问题的一个重要手段是监督，由于经营者与股东掌握的信息并不对称，对高管的监督成本高且不能从根本上缓解冲突。Jensen 和 Meckling（1976）指出通过对管理层进行股权激励能有效缓解第一类代理冲突，原因在于对管理层实施股权激励后，第一重委托代理关系内部结构发生了变化（图 3-1）。

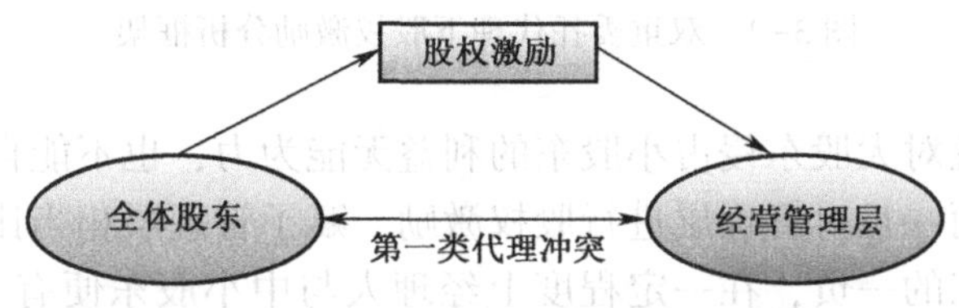

图 3-1 第一重委托代理下股权激励分析框架

股权激励通过增加高管的持股比例，使其对公司拥有了所有权，成为公司的小股东，把管理层利益与公司利益绑定在一起，能够使管理层有动力按照股东利益最大化原则经营公司，从而缓解经营层与所有者之间的代理冲突。Morck 等（1988）和 Hanson 等（2000）均发现，管理层持股促使管理者注重长期利益，着眼于公司长期价值。因此，股权激励能够通过缓解第一类代理冲突，促使企业高管理性投资，提高企业的投资效率，进而对企业业绩产生积极的促进作用。

3.3.2 双重委托代理下股权激励分析框架

第二类代理冲突是发生在股权集中度较高的上市公司，控股大股东与中小股东之间的冲突。是指大股东利用其自身优势通过利益输送或者投资低效率和跨行业投资等方式获取控制权收益，从而侵害中小股东权益的行为。Shleifer 和 Vishny（1997）指出，当股权集中在少数控股股东手中时，将导致控股股东掠夺小股东的问题发生。在新兴市场国家，尤其是家族统治的公司，股权集中度普遍较高，控股股东掠夺小股东成为严重的委托代理问题（Claessens，2002）。因此，在股权集中度相对较高的上市公司中，既存在高管与股东之间的第一类代理冲突，又存在大股东或控股股东与中小股东之间的第二类代理冲突。那么股权激励的引入，能否有效缓解第二类代理冲突呢？股权激励实施后，双重委托代理结构又会怎样改变呢？如图 3-2 所示。

在双重委托代理关系中，大股东拥有实际控制权的情况下，管理者处于不

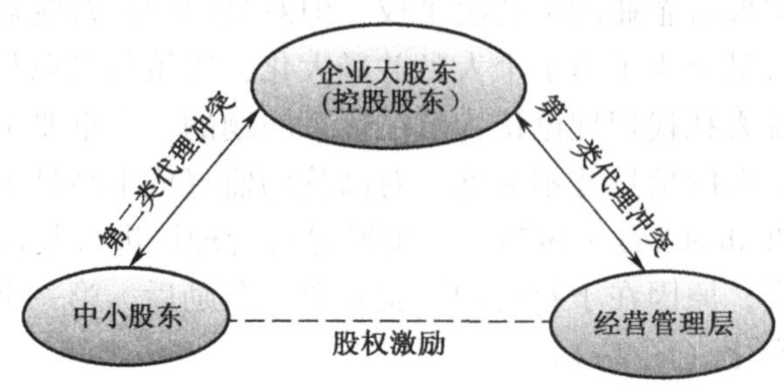

图 3-2 双重委托代理下股权激励分析框架

作为的状态，既对大股东侵占小股东的利益无能为力，也不能自由实施自己的经营决策权。而一旦对管理层进行股权激励，赋予管理层相当比例的股份，使其成为中小股东的一员，在一定程度上经理人与中小股东便有了相同的身份。管理层为了维护自身的利益，更有动力站在中小股东的立场上对抗大股东对中小股东的利益侵害。经理人持有的股权比例越高，遏制控股股东"隧道行为"的意愿就越强烈（黄健柏等，2013）。

综上分析，本书认为在双重代理框架中引入股权激励，使管理层在一定程度上与中小股东具有相同的身份，既能有效缓解第一类代理冲突，又能抑制第二类代理冲突，促使企业高管在进行投资决策时能够更加理性，有助于提高企业的投资效率，进而提升企业的绩效水平。

3.4 本章小结

本章首先从股权激励相关理论和投资相关理论两个方面提出本书的理论基础，具体包括委托代理理论、信息不对称理论、剩余索取权理论、权变激励理论以及新古典厂商投资理论和新制度经济学投资理论；其次，对股权分散企业主要存在的第一类代理冲突以及股权相对集中的企业存在的第二类代理冲突进行分析，构建引入股权激励后的第一重委托代理下股权激励分析框架以及双重委托代理下股权激励分析框架。本章一方面为后文双重委托视角下股权激励治理投资效率提供理论指导，另一方面为我国上市公司特有的股权结构特征和治理结构特征对投资效率的影响提供理论支撑。

第4章 制度背景

本章主要从三个方面进行制度剖析，首先，对我国上市公司治理结构特征和存在的代理问题进行解构；其次，对我国股权激励制度的发展历程进行了回顾并对我国股权激励发展的现状进行了分析；最后，对我国企业投资制度背景和投资现状进行分析，一方面使本书研究的切入点更加切合实际，另一方面为理论分析和实证研究的开展提供更充分的制度依托。

4.1 我国上市公司的治理特征

4.1.1 上市公司股权结构特征

Berle 和 Means（1932）发表的《现代公司与私有财产》与 Jensen 和 Meckling（1976）发表的《公司理论：管理者行为、代理成本和所有权结构》这两篇文章堪称公司治理界的经典研究，研究对象都是美国资本市场，并且都认为公司制企业的主要矛盾体现在管理者和外部股东间的代理冲突。

Shleifer 和 Vishny（1989）针对上述研究提出异议，他们注意到公司大量股东过于分散，使没有人愿意去花费行动成本来监督约束管理人员的行为，但是当存在一个控股比例相对较高的大股东时，某种程度上可以缓解上述的“搭便车”现象。从另一个角度来看，控股股东的存在对公司的积极作用得到了肯定。Shleifer 和 Vishny（1997）随后又发现，控股股东由于持股比例较高，拥有的话语权相对较大，可能会为了个人的私利对经理人员的行为或决策进行影响，结果会是：由于持股比例相对较高，收益大部分归控股股东所有，而产生的损失和成本则由全部股东共同承担，中小股东的利益受到损害。在这种情况下，公司制企业的矛盾不再是最初股东与经理人员间的利益冲突，而应是控股股东与其他中小股东间的冲突，La Porta 等（1999）也支持了 Shleifer 和

Vishny（1997）的论断。之后，相关学者 Claessens 等（2000）、Faccio 和 Lang（2002）和 Fan 等（2007）的研究也发现了类似的结论。这些发现使学术界对公司治理中代理冲突现象的认识有了一次转向：仅研究传统的股东与经理人员间的代理冲突比较片面，控股股东与其他中小股东间的利益冲突也应同时纳入研究范畴，也即是在双重委托代理下来研究企业的行为。

在早期一些针对美国公司和英国公司的研究中，学者主要关注因股权高度分散而产生的股东与管理者之间的利益冲突，而较少考虑大股东的存在及作用。Berle 和 Means（1932）指出，美国公司股权结构的高度分散①造成了公司所有权和经营权的分离，从而导致了股东与管理者之间的代理问题。Tirole（2006）、Gutierrez 等（2008）也认为，美国公司的股权结构是高度分散的，因为最大股东的持股比例仅为 9%左右。但是，此后的一些研究对美国公司股权高度分散的这一观点提出挑战。Holderness 和 Sheehan（1988）发现，美国有 600 多家上市公司的第一大股东持股比例超过 50%。Shleifer 和 Vishny（1986）对 1980 年美国《财富》500 强公司做了一个统计，发现至少有一个股东的持股比例在 5%以上的公司有 354 家，第一大股东平均持股比例高达 15.4%，而前五大股东的持股比例总和则高达 28.8%。Gadhoum 等（2005）也发现，59%的美国上市公司存在持股比例 10%以上的大股东。Holderness（2009）随机抽取了美国 1995 年以来的 428 家上市公司，结果发现，96%的公司存在持股比例超过 5%的大股东。如果将这些大股东的持股比例相加，其累计持股比例高达公司总股本的 39%。同时，越来越多的研究表明，英美以外的上市公司股权结构也是相对集中的。比如，在日本，前五大股东的持股比例合计高达 33.1%（Prowse，1992）。在德国，Franks 和 Mayer（2001）对 171 家最大的制造业上市公司进行研究后发现，85.4%的公司存在持股比例超过 25%的单一股东。Gutierrez 等（2008）更是指出，在 372 家德国上市公司中，最大股东的平均持股水平为 57%。

在新兴国家中，上市公司具有更高的股权集中度。在拉丁美洲，巴西上市公司第一大股东的持股比例平均为 41%，前五大股东的持股比例合计则高达 61%（Valadares 和 Leal，2000）；哥伦比亚上市公司第一大股东的平均持股比例也高达 37%（Gutierrez，Pombo 和 Taborda，2008）。在亚洲，韩国上市公司和印度上市公司第一大股东的平均持股比例分别高达 45.19%和 48%（Joh，2003；Chakrabarti，Megginson 和 Yadav，2008）；新加坡上市公司第一大股东的平均持股比例更是高达 62%（Mak 和 Li，2001）。

---

① BERLE A A，MEANS G C. The modern corporation and private property [M]. New York：Macmillan，1932.

在中国内地，股权集中的现状也是如此。我国资本市场发展起步在特殊的环境下，上市公司股权结构呈现出多种不同股权形式并存的复杂局面，在股权分置改革以前，上市公司股份分为流通股和非流通股，其中非流通股股份不允许上市流通。在早期的股本构成中，流通股股份仅占35%左右，非流通股股份却达到65%左右。这样就造成了场外与场内交易价格相差悬殊，流通股和非流通股的股东利益明显不对称。股权分置改革以后，这种情况有所缓解，但股权集中的局面依旧没有改变。2005—2014 年我国上市公司股权结构①见表4-1。

表 4-1 2005—2014 年我国上市公司股权结构

年份	指标	Top1/%	Top3/%	Top5/%	Top10/%	Z	H5
2005	均值	40.34	54.05	57.48	60.48	31.34	0.211
	中位数	37.77	55.44	58.89	62.09	4.646	0.173
2006	均值	36.22	49.10	52.69	56.42	18.85	0.173
	中位数	33.66	49.18	53.13	57.40	4.548	0.141
2007	均值	35.88	48.48	52.07	55.98	16.71	0.170
	中位数	34.02	48.38	52.12	56.39	4.642	0.142
2008	均值	36.23	48.63	52.04	55.71	17.35	0.173
	中位数	34.49	48.30	51.84	55.79	4.737	0.145
2009	均值	36.15	48.50	52.07	55.96	15.83	0.173
	中位数	33.84	48.32	51.87	56.50	4.930	0.142
2010	均值	36.21	49.43	53.52	58.14	14.39	0.175
	中位数	34.16	49.24	53.82	59.49	4.480	0.147
2011	均值	36.10	49.92	54.24	58.96	13.26	0.175
	中位数	34.09	50.48	55.23	60.84	4.148	0.148
2012	均值	36.33	50.26	54.43	58.87	13.52	0.177
	中位数	34.47	50.57	55.41	60.84	4.122	0.148
2013	均值	36.00	49.58	53.66	58.05	13.38	0.174
	中位数	34.05	49.46	54.10	59.30	4.279	0.143
2014	均值	35.29	48.63	52.75	57.32	12.41	0.167
	中位数	33.33	48.27	52.92	58.28	4.164	0.136
全年度	均值	36.32	49.58	53.48	57.68	15.79	0.176
	中位数	34.20	49.67	53.96	58.81	4.421	0.145

注：Top1、Top3、Top5、Top10 分别表示第一大股东持股比例、前三大股东持股比例之和、前五大股东持股比例之和、前十大股东持股比例之和；Z 表示公司第一大股东与第二大股东持股比例的比值；H5 表示公司前五大股东持股比例的平方和。

① 以 2005 年股权分置改革为界，之前上市公司直接控股股东持股比例较高，即超过半数的上市公司呈现明显的一股独大结构，而改革之后直接控股股东持股比例虽有下降趋势，但上市公司集中式股权结构的现状并未彻底改变。

我国全部 A 股上市公司 2005—2014 年第一大股东持股比例均值为 36.32%，前五大股东持股比例之和均值占 53.48%，前十大股东持股比例之和均值为 57.68%。其中，2005 年公司股权集中度最高，第一大股东持股比例均值达到 40.34%，前十大股东持股比例之和高达 60.48%。虽然 2005 年我国进行股权分置改革，导致 2005 年后股权集中度有所降低，但股权高度集中的现状仍未改变，2006—2014 年每年第一大股东持股比例均值都在 30%以上，前十大股东持股比例之和均值都高于 55%。在我国上市公司中，股权结构高度集中的状况可见一斑。

4.1.2 上市公司双重委托代理现状

在以股权集中为特征的上市公司中，由于控股股东、经理人与外部中小股东具有不同的效用函数，且利益各方的行为能力及行为动机也大相径庭，企业存在控股股东与经理人员、大股东与其他中小股东两个层面的双重委托代理冲突。

1. 控股股东与经理人员之间的委托代理冲突

表面上看，股东与经理人员之间的代理冲突在股权集中与股权分散的上市公司中没有区别，实际上，二者却有本质的不同。在股权较为分散的上市公司中，企业实际控制权掌握在代理人即经理人员手中，分散的外部股东不能对管理人员的错误决策行为形成监督和约束的效力。股权的高度分散，过小的持股比例使股东们都不具有有效发挥作用的投票权比例。而且，即使发现了经理人员的错误决策行为，股东们为了避免承担行动成本，未必会采取行动。股东们会认为，如果采取行动失败，行动成本将由个人承担，而成功后的收益由全部股东共同享有，成本和收益明显不对称，这决定了股东们会因为个人的利益普遍具有“搭便车”的心理。因此，股权高度分散的上市公司具有经理人员强而全体股东弱的特点，全体股东与经理人员之间的利益冲突是公司矛盾冲突的主要焦点。然而，在股权集中度较高的企业中，由于控制性大股东的存在，某种程度上可以缓解上述的“搭便车”现象。但由于控股股东持股比例较高，拥有的话语权相对较大，可能会为了个人的私利对经理人员的行为或决策产生影响（Shleifer 和 Vishny，1986；Shleifer 和 Vishny，1997），外部中小股东因所持股份较少或监督成本过高，无法影响经理人的决策，在这种情况下，则具有控股股东强而经理人员弱的特点，股东与经理人员之间的代理冲突实际上是控股股东与经理人员之间的利益冲突。

2. 控股股东与其他中小股东之间的委托代理冲突

在股权集中度较高的上市公司中，大股东的存在能够对经理人员的经营决策行为施加影响，在一定程度上对经营者的道德风险或逆向选择问题产生一定的治理效果。但是，因为控股股东持股比例较高，收益大部分归控股股东所有，而产生的损失和成本则由全部股东共同承担，中小股东利益受到了损害。控股股东作为企业的最终控制人，在进行重要决策时，为了实现自身价值的最大化，有能力利用他们手中拥有的控制权对公司进行“掏空”，从而损害其他相对弱小的股东的利益。而中小股东因持股比例较低，难以与控股股东相抗衡，其相应的权力被排挤，对大股东的侵占行为只能采取“用脚投票”的方式。在资本市场中，如果没有完好的中小股东保护的运行机制，两者之间的代理冲突将更为凸显。因此，与股权分散型公司不同的是，在股权相对集中的上市公司中，控股股东与其他中小股东间的代理冲突也是不容忽视的另一类代理冲突。

4.2 我国股权激励制度变迁

4.2.1 我国股权激励制度发展历程

我国股权激励制度在20世纪90年代初期开始兴起，经历了一个缓慢发展的过程。以2005年股权分置改革为分界点，把股权激励在中国的发展分为两个阶段：2005年以前股权激励的探索阶段，以及2005年以后股权激励的推广阶段。

1. 股权激励的探索阶段

1）职工持股方式

20世纪90年代，在我国进行股份制试点的初期，出现了一批定向募集公司①，这类公司向内部职工募集的股份被称为内部职工股。这是股权激励制度在我国的最早尝试。后来由于缺乏全国统一的、规范化的法律依据，加上购买股票以职工个人出资为主，政府在金融、税收优惠方面政策支持不足，职工持股管理混乱，市场上出现内部职工股权证非法交易等问题，全国出现众多超额发行“内部职工股”的现象，阻碍了证券市场的发展和股份制改革的推进。为了立即制止发行内部职工股中的不规范做法，1993年4月3日，国务院办公厅下发文件②，规定内部职工股比例不得超过总股本的20%。随后，国家经济体制改革委员会（以下简称“国家体改委”）进一步发布有关规定③，要

① 这些公司是不向社会公开发行股票，只对法人和公司内部职工募集股份的股份有限公司。

② 《国务院办公厅转发国家体改委等部门关于立即制止发行内部职工股不规范做法意见的紧急通知》。

③ 1993年7月1日国家体改委发布了《定向募集股份有限公司内部职工持股管理规定》。

求内部职工股占总股本的比例不得高于2.5%，且在公司配售三年内不得转让。1994年6月19日以后，中国证监会发文停止审批定向募集股份有限公司，内部职工股逐渐退出市场。

继内部职工股之后，国家体改委、国务院证券委于1994年颁布了新的规定①，提出了公司职工股。该文件规定在公司向社会公开募集股份时，内部职工可从公开募集的股票总额中认购的份额最高达10%，且公司职工股在资本市场上自由流通的时间为普通股上市后6个月之后。然而，由于公司职工股的认购成本低于二级市场上的股票认购成本，在满足流通条件后，大部分的公司职工为获取资本差价，立即抛售所持股份，给资本市场造成了一定冲击。且这种激励方式对公司员工来说是短暂的一次性福利，未能把员工利益与企业长远利益捆绑在一起，与政策制定的初衷相违背，因此也注定不会长久。中国证监会于1998年11月25日发文《关于停止发行公司职工股的通知》，公司职工股暂时告别中国股票市场。

2）股票期权方式

1999年，经营者股权激励兴起，股权激励机制受到党中央和地方各级政府的重视，各地方出台了众多有关经理人长效激励机制的政策和规章制度。1999年8月，中共中央、国务院颁布了《关于加强技术创新，发展高科技，实现产业化的决定》，提出允许和鼓励技术、管理等生产要素参与收益分配，以高新技术企业作为试点，对企业经营管理人员和核心技术骨干实行股份期权激励。不同于早期的职工持股方式，这一阶段的股权激励方式具有了激励的性质，为股权激励在我国的发展积累了经验。但受限于《中华人民共和国公司法》（以下简称《公司法》）、《中华人民共和国证券法》（以下简称《证券法》）对股份发行和转让的限制，股权激励并未得到很好的实施。因此，在当时的制度环境下，真正意义上实行股权激励的公司几乎没有，不涉及股票来源的股票增值权和虚拟股票（如上海贝岭、中国石化）等是主要的激励方式。

3）管理层收购方式

2002年，在经营者股权激励推行的同时，涌现出一种新的股权激励方式——管理层收购（MBO）。然而，我国MBO的相关法规和监督措施尚欠完善，给中国的民营企业及企业家们提供了投机空间。2004年8月，郎咸平教授发表的演讲《格林科尔：在“国退民进”的盛宴中狂欢》，引发了“郎顾之争”和有关国企产权改革的大讨论，更是把MBO这一模式推向了风口浪尖。国务院国有资产监督管理委员会（以下简称“国资委”）党委书记李毅中在

① 《国家体改委、国务院证券委关于社会募集股份有限公司向职工配售股份的补充规定》。

2004年12月明确表态"大型国有企业不能搞管理层收购"。国资委和财政部于2005年4月联合发布的《企业国有产权向管理层转让暂行规定》，再一次以法律的形式明确规定大型国有及国有控股企业的国有产权以及上市公司的国有股权不得向管理层转让。管理层收购这种激励方式因相关法律规章制度的不完善，在执行上存在较大漏洞，最终归于沉寂。

2. 股权激励的推广阶段

管理层收购方式沉寂后，为了在我国上市企业中更为全面地推动股权激励，国家相关部门一直在考虑制定新的规定，努力完善现有的相关法律和政策，终于取得突破性进展。2005年，随着股权分置改革的正式"破冰"、《公司法》的修订及一系列政策的出台，终于，股权激励在中国上市公司中开创了新的局面。

资本市场诸多痼疾的罪魁祸首是股权分置，其阻碍了股权激励制度在我国的推进。2005年4月29日，中国证监会发布的《关于上市公司股权分置改革试点有关问题的通知》为我国股权激励制度扫清了体制性障碍，同年10月27日，十届全国人大常委会第十八次会议对《公司法》的修订解决了股权激励股份来源的问题。与旧《公司法》相比，新《公司法》在股权激励的股份来源上放松了管制，新《公司法》在旧《公司法》原有规定"只有减少公司注册资本或与其他持股公司合并时方可回购本公司股票"的基础上，增加了对本公司员工进行股份奖励时可以收购本公司股份，以及对股东大会做出的有关公司合并、分立的决议持有异议要求收购其股份的情况。同时对上市公司向特定对象发行股本的方式和高级管理人员任期内股份的持有及转让问题做出了详细的规定。随着新《公司法》《证券法》的实施，阻挠股权激励机制推行的法律障碍得以消除。表4-2是2006—2014年我国相关部门颁布的有关股权激励相关制度规范文件。至此，股权激励制度这种移植自西方国家的创新激励机制在我国迈入推广期并逐渐走向成熟。

表4-2 2006—2014年股权激励相关制度规范文件

一、一般规定	
2005年12月31日	中国证监会《上市公司股权激励管理办法（试行）》
2006年6月8日	深交所《股权分置改革工作备忘录第18号——股权激励计划的实施（一）》
2008年5月6日	中国证监会《股权激励有关事项备忘录1号》《股权激励有关事项备忘录2号》
2008年9月16日	中国证监会《股权激励有关事项备忘录3号》
2012年8月4日	《上市公司员工持股计划管理暂行办法（征求意见稿）》
2013年10月18日	中国证监会《关于进一步明确股权激励相关政策的问题与解答》

（续）

二、国有控股公司的特殊规定	
2006年1月27日	国资委、财政部《国有控股上市公司（境外）实施股权激励试行办法》
2006年9月30日	国资委、财政部《国有控股上市公司（境内）实施股权激励试行办法》
2006年12月30日	国资委、财政部《中央企业负责人经营业绩考核暂行办法》
2007年10月10日	国资委、财政部《关于严格规范国有控股上市公司（境外）实施股权激励有关事项的通知》
2008年9月16日	国资委《关于规范国有企业职工持股、投资的意见》
2008年10月21日	国资委、财政部《关于规范国有控股上市公司实施股权激励制度有关问题的通知》
2009年1月13日	国资委、财政部《关于金融类国有和国有控股企业负责人薪酬管理有关问题的通知》
2010年10月11日	国资委、财政部《关于在部分中央企业开展分红权激励试点工作的通知》
三、相关会计及税务处理	
2006年2月15日	财政部《企业会计准则第11号——股份支付》
2006年3月15日	财政部《关于〈公司法〉施行后有关企业财务处理问题的通知》
2006年9月30日	国家税务总局《关于个人股票期权所得缴纳个人所得税有关问题的补充通知》
2009年5月28日	国家税务总局《国家税务总局关于加强股权转让所得征收个人所得税管理的通知》
2009年1月7日	财政部、国家税务总局《关于股票增值权所得和限制性股票所得征收个人所得税有关问题的通知》
2009年5月4日	财政部、国家税务总局《关于上市公司高管人员股票期权所得缴纳个人所得税有关问题的通知》
2009年8月24日	国家税务总局《国家税务总局关于股权激励有关个人所得税问题的通知》
2010年5月31日	国家税务总局《国家税务总局关于进一步加强高收入者个人所得税征收管理的通知》
四、信息披露	
2011年12月30日	深交所《信息披露业务备忘录第38号——股权激励期权自主行权》
2011年8月30日	深交所《创业板信息披露业务备忘录第8号：股权激励（股票期权）实施、授予与调整》
2011年8月30日	深交所《创业板信息披露业务备忘录第9号：股权激励（限制性股票）实施、授予与调整》
2012年2月8日	深交所修订《中小企业板信息披露业务备忘录第9号：股权激励限制性股票的取得与授予》

（续）

四、信息披露	
2012 年 2 月 8 日	深交所修订《中小企业板信息披露业务备忘录第 12 号：股权激励股票期权实施、授予与行权》
2012 年 8 月 8 日	深交所修订《中小企业板信息披露业务备忘录第 14 号：股权激励期权自主行权》
2012 年 2 月 8 日	深交所修订《中小企业板信息披露业务备忘录第 9 号、12 号：股权激励限制性股票的取得与授予》
2012 年 8 月 8 日	深交所修订《中小企业板信息披露业务备忘录第 14 号：股权激励期权自主行权》
五、其他	
2007 年 3 月 23 日	中国证监会《关于开展加强上市公司治理专项活动相关事项的通知》
2008 年 6 月 12 日	中国证监会《关于公司治理专项活动公告的通知》
2012 年 2 月 15 日	国家外汇管理局《关于境内个人参与境外上市公司股权激励计划外汇管理有关问题的通知》

4.2.2 我国股权激励发展现状

1. 上市公司股权激励总体实施情况

从首次公告股权激励公司的数量来看，2006 年年初（1 月 1 日）至 2014 年年底（12 月 31 日），中国沪深 A 股资本市场公告股权激励预案的共有 651 家上市公司，共提出了 794 份股权激励计划预案（图 4-1）。部分公司提出了不止 1 份激励计划方案，其中有 107 家提出 2 份股权激励计划，13 家提出 3 份股权激励计划，深万达（股票代码：000002）、汉得信息（股票代码：300170）两家公司提出 4 份股权激励计划，青岛海尔（股票代码：600690）先后提

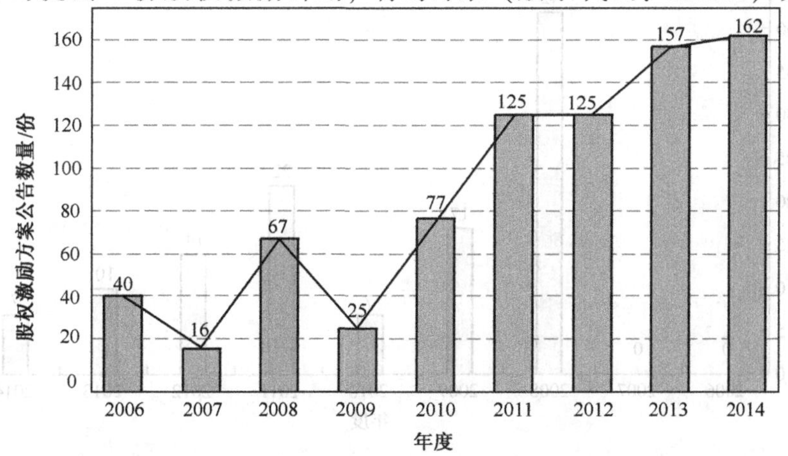

图 4-1 2006—2014 年股权激励方案公告数量

出5份股权激励计划。且有92份股权激励方案中包含两种或两种以上激励方式。因此，宣告的股权激励计划数比上市公司数量要多。

由图4-1可知，2006—2014年分别宣告的股权激励草案数为：2006年40份、2007年16份、2008年67份、2009年25份、2010年77份、2011年125份、2012年125份、2013年157份、2014年162份。可以发现，除2007年和2009年股权激励方案数量明显较少外，总体上，我国A股资本市场推出股权激励计划的上市公司数量呈增加的趋势。2007年股权激励方案数量骤减的原因，是中国证监会于2007年对上市公司开展了专项治理活动，许多公司受此影响暂缓了推行股权激励计划。另外，2007年A股市场出现了罕见的牛市行情，不少上市公司的股票价格严重走高，而股权激励收益主要来自股票的转让价与行权价之差，此时行使股权激励计划会使股权收益减少。因此股市的高涨，也促使董事会放弃股权激励计划。2009年数量减少的原因，是受中国证监会2008年5月出台的《股权激励有关事项备忘录1号》《股权激励有关事项备忘录2号》的影响，备忘录要求公司授予的股权激励计划，都必须按照文件要求进行调整，一些公司不满足实施股权激励的条件，放弃或暂缓推行股权激励计划，从而导致推出股权激励计划的公司数量大幅减少。但经过2008年股权激励制度的进一步健全，整体上推行股权激励计划的上市公司质量大大提升，之后几年推出激励计划的公司数量也大幅增加，且平均保持在百位数以上的披露数量。

由于受到市场环境和国家政策的影响，从2006年1月1日到2014年12月31日，上述794份股权激励预案中有119份预案取消了股权激励计划。按照发布预案的时间先后，股权激励方案取消数量分布如图4-2所示。

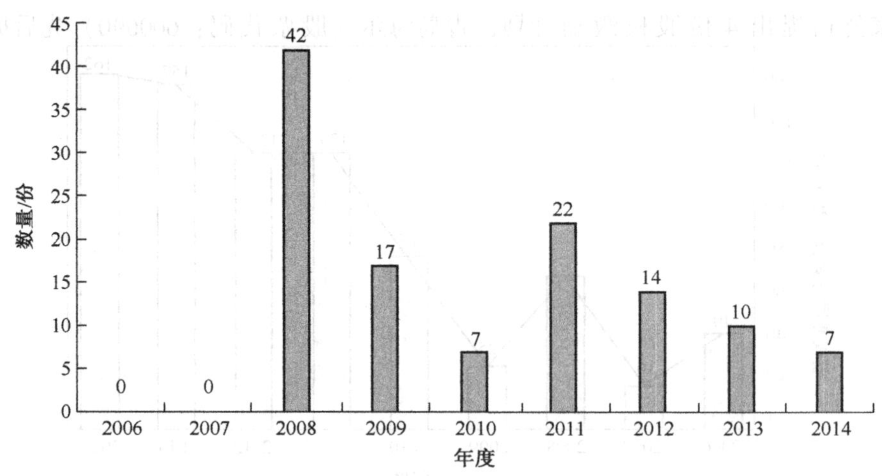

图4-2 股权激励方案取消数量分布

从图4-2可以发现，仅2008年就有42份股权激励方案被取消，占2006—2008年三年推出计划总数的34.15%。这主要因为：一是受金融危机的影响，企业业绩下滑，使不少已经公布预案的公司不再具备实施的条件；二是受监管政策影响。中国证监会在《股权激励有关事项备忘录3号》中指出不符合备忘录要求的公司必须中止实施股权激励计划，很多公司不满足政策要求，必须终止。

2. 上市公司股权激励方案具体特征

1）激励模式

从图4-3的股权激励模式来看，单一型激励模式仍占主流。在公告的794份股权激励方案中，有704份方案采用单一激励模式，占全部公告激励方案的88.66%，90份方案采用混合激励模式。其中，在单一激励模式中，仅以股票期权激励作为激励模式的有392份，有304份方案推出限制性股票，8份采用股票增值权；在混合激励模式中，采用股票期权和限制性股票的股权激励草案有77份，采用股票期权和股票增值权股权激励草案有11份，同时采用限制性股票和股票增值权的草案仅有1份，三五互联（股票代码：300051）推出的1份股权激励方案包含三种激励模式（股票期权、限制性股票和股票增值权）。累计来看，所有包含股票期权模式的方案有481份，包含限制性股票的方案有383份，包含股票增值权的有21份。可见，在现阶段主要以股票期权、限制性股票两种激励方式为主，仅有极少数公司采取股票增值权的激励模式。

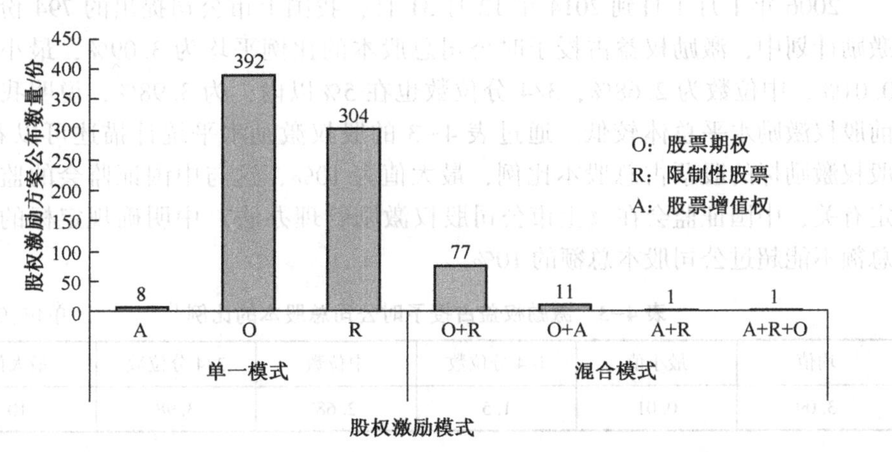

图4-3 股权激励模式

2）股票来源

股权激励的股票来源渠道主要包括四种：定向增发、二级市场回购、股东转让和利润提取。自 2006 年 1 月 1 日至 2014 年 12 月 31 日，公告的 794 份股权激励计划的股票来源如图 4-4 所示。

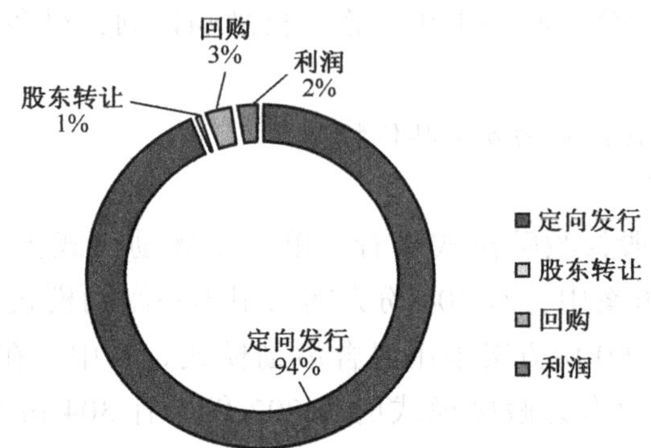

图 4-4　股权激励计划的股票来源

从图 4-4 可以发现，基于资金成本和操作便利性的考虑，我国股权激励中股票来源方式主要是向激励对象定向增发股票，占样本总量的 94%；有 3% 的方案选择二级市场回购流通股的方式；选择利润提取方式的方案所占比例很小，约占样本总量的 2%；极少数方案选择股东转让的方式，仅占总样本的 1%。

3）激励水平

2006 年 1 月 1 日到 2014 年 12 月 31 日，我国上市公司提出的 794 份股权激励计划中，激励权益占授予时公司总股本的比例平均为 3.09%，最小值为 0.01%，中位数为 2.68%，3/4 分位数也在 5%以内，为 3.98%，说明我国当前股权激励水平总体较低。通过表 4-3 的股权激励水平统计描述可以看到，股权激励标的股票占总股本比例，最大值为 10%，这与中国证监会的监管规定有关，中国证监会在《上市公司股权激励管理办法》中明确规定标的股票总额不能超过公司股本总额的 10%。

表 4-3　激励权益占授予时公司总股本的比例①　　单位：%

均值	最小值	1/4 分位数	中位数	3/4 分位数	最大值
3.09	0.01	1.5	2.68	3.98	10

① 部分未明确股权激励水平的方案未纳入统计范围。

4）激励有效期

中国证监会对股权激励有效期的上限做出了规定，中国证监会在《上市公司股权激励管理办法》中指出："股权激励计划的有效期从首次授予权益日起不得超过 10 年。"从表 4-4 对股权激励有效期进行的描述性统计可以看出，2006 年 1 月 1 日至 2014 年 12 月 31 日我国资本市场已公布的 794 份股权激励方案的平均激励有效期为 4.81 年，最短激励有效期为 2 年，最长激励有效期为 10 年。说明我国上市公司已公布的股权激励有效期均符合中国证监会的规定。从上市公司实施的各项股权激励计划来看，85.73%的激励有效期设置在 5 年以内，其中以 4 年和 5 年的居多，占比分别为 45.42%和 36.65%，激励有效期在 5 年以上的占 14.27%。

表 4-4 股权激励有效期①描述性统计 单位：年

均值	最小值	1/4 分位数	中位数	3/4 分位数	最大值
4.81	2	4	5	5	10

3. 实施股权激励方案的上市公司特征

1）企业类型分布

从企业类型来看，公布股权激励的上市公司在国有企业与民营企业间严重分布不均，实施股权激励的主体主要是民营上市公司。由图 4-5 可以看到，自 2006 年 1 月 1 日至 2014 年 12 月 31 日，我国公告股权激励方案的 651 家上市公司中，民营企业有 529 家，所占比例高达 81.26%；国有企业有 122 家，仅占公告股权激励公司总数量的 18.74%。从各年度的分布来看，每年公告股权激励的民营上市公司都远多于国有上市公司，几乎呈一边倒的趋势。这主要受国资委相关管理规则的影响，国资委和财政部针对国有控股上市公司实施股权激励共同发布了《国有控股上市公司（境内）实施股权激励试行办法》和《关于规范国有控股上市公司实施股权激励制度有关问题的通知》等文件，严格限制了国有上市公司实施股权激励的条件。

2）所属行业分布

中国证监会 2012 年 11 月发布的《上市公司行业分类指引（2012 年修订）》把我国公司所处行业划分为 19 个门类，除教育行业外，其余 18 个行业门类都公布了股权激励计划。可见提出股权激励计划的公司，具有很广的行业分布，见表 4-5。

① 部分未明确股权激励有效期的方案未纳入统计范围。

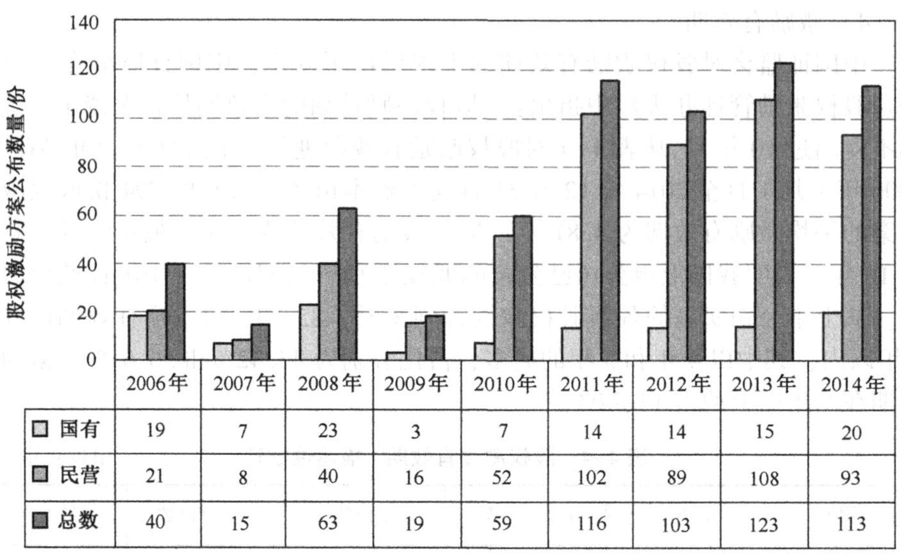

图 4-5 股权激励产权性质分布图

表 4-5 股权激励行业分布表

行业门类	公告股权激励方案公司数量	占公告股权激励方案公司总数的比例/%	占所属行业截至2014年末上市公司总数的比例/%
农、林、牧、渔业（A）	13	2.00	22.41
采矿业（B）	2	0.31	3.92
制造业（C）	460	70.66	26.23
电力、热力生产和供应业（D）	4	0.61	5.71
建筑业（E）	15	2.30	25.00
批发和零售业（F）	16	2.46	12.21
交通运输、仓储和邮政业（G）	6	0.92	7.14
住宿和餐饮业（H）	1	0.15	10.00
信息传输、软件和信息技术服务业（I）	75	11.52	43.86
金融业（J）	2	0.31	5.00
房地产业（K）	21	3.23	27.63
租赁和商务服务业（L）	7	1.08	28.00
科学研究和技术服务业（M）	8	1.23	42.11
水利、环境和公共设施管理业（N）	3	0.46	17.65
居民服务、修理和其他服务业（O）	4	0.61	33.33
卫生和社会工作（Q）	2	0.31	100.00
文化、体育和娱乐业（R）	2	0.31	12.50
综合业（S）	10	1.54	12.82
总计	651	100.00	24.35

从公告股权激励草案的上市公司行业分布来看，股权激励呈现出鲜明的行业集中特征。制造业数量最多，有460家，占公告股权激励公司总数的70.66%；其次是信息传输、软件和信息技术服务业，有75家，占公告总量的11.52%；第三是房地产业，有21家，占公告总数的3.23%；采矿业，金融业，卫生和社会工作，文化、体育和娱乐业等行业实施股权激励的数量相对较少，占总量的比例均为0.31%；住宿和餐饮业所占比例仅有0.15%。比较各行业的分布情况，制造业公司在所有公告公司中所占比例最大，是因为制造业公司在所有上市公司中所占份额最多，而并不能因此说明制造业公司最热衷于实施股权激励。从公告股权激励方案公司数占所属行业上市公司总数的比例来看，信息传输、软件和信息技术服务业中公告股权激励的公司占行业公司总数的43.86%；其次是科学研究和技术服务业，占行业公司总数的42.11%；制造业公司在行业公司总数中的比例仅占26.23%；占比较少的是金融业、采矿业，分别为5%、3.92%。可见，股权激励推广较好的是信息技术类的高新技术行业①。

从表4-6和表4-7可知，制造业各细分种类中股权激励的公告情况也存在差异。在公告股权激励的所有制造业公司中，计算机、通信和其他电子设备制造业最多，占比为19.57%；其次是电气机械和器材制造业、医药制造业，占比分别为12.83%、10.87%；金属制品、机械和设备修理业最少，仅占制造业公告股权激励方案公司数的0.22%。

表4-6 制造业中前五位公告股权激励行业细类分布

行业细类	公告股权激励方案公司数量	占公告股权激励方案公司总数的比例/%
计算机、通信和其他电子设备制造业（C39）	90	19.57
电气机械和器材制造业（C38）	59	12.83
医药制造业（C27）	50	10.87
化学原料和化学制品制造业（C26）	42	9.13
专用设备制造业（C35）	38	8.26

① 这类行业多属于技术密集型行业，对人才有非常高的依存度，为了吸引和留住人才，并激发创新，更需要采取激励手段。

表 4-7 制造业中后五位公告股权激励行业细类分布

行业细类	公告股权激励方案公司数量	占公告股权激励方案公司总数的比例/%
酒、饮料和精制茶制造业（C15）	2	0.43
皮革、毛皮、羽毛及其制品和制鞋业（C19）	2	0.43
木材加工和木、竹、藤、棕、草制品业（C20）	2	0.43
印刷和记录媒介复制业（C23）	2	0.43
金属制品、机械和设备修理业（C43）	1	0.22

3）上市公司板块分布

从图 4-6 的公告股权激励公司所在交易板块分布看，披露股权激励方案的上市公司在不同板块间差异显著。截至 2014 年 12 月 31 日，中小板有 263 家公司公布股权激励方案，占公告股权激励公司总数的 40%；创业板中发布股权激励方案的公司数量也达到了 182 家，占总数量的 28%。相比之下，深圳主板与上海主板披露股权激励方案的上市公司合计 206 家，只占 32%。中小板和创业板之所以成为实施股权激励的主战场，主要是因为高新技术企业是其重要组成部分。相对于主板上市公司，这类企业成长性高，人才需求旺盛，实施股权激励的动机较为强烈，且国家政策限制较少，股权激励计划的实施也更加容易。

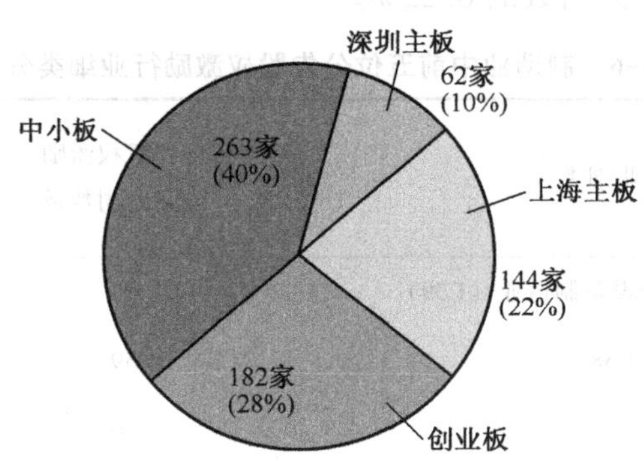

图 4-6 公告股权激励公司上市板块分布

4）公司生命周期

从图 4-7 的公告股权激励公司上市年限分布来看，总体上，上市年限越短的公司，越倾向于推出股权激励计划。截至 2014 年年底，公布股权激励计划的 651 家上市公司中，上市前三年推出股权激励计划的公司有 311 家，占总数的 47.77%，接近一半。其中，有 57 家在上市当年公布，132 家在上市的第二年推出，122家在上市第三年推出。有236家是在上市后的4~10年推出股权激励计划，占激励公司总数的36.25%；上市10年以上进行股权激励的有104家，占激励公司总数的15.98%。可见，成长期的公司更加青睐股权激励。

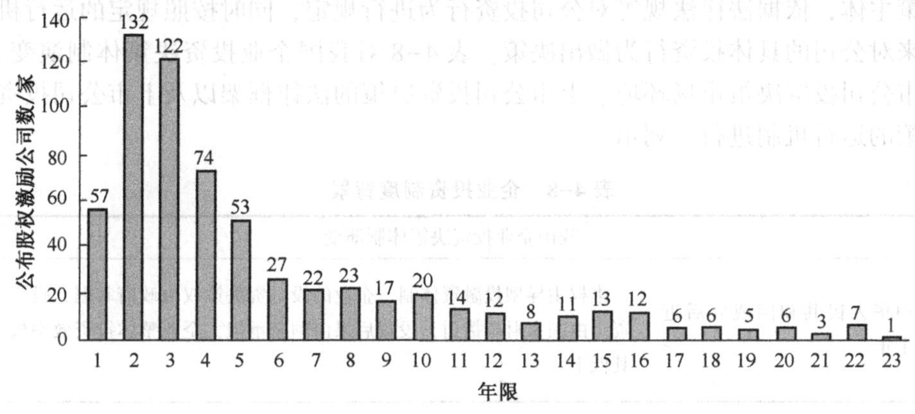

图4-7 公告股权激励公司上市年限分布

4.3 我国企业投资制度背景与现状分析

4.3.1 企业投资制度背景

一个国家或地区的投资体制①必然会对当地企业的投资行为造成影响，因此企业的投资行为特征会由于国家或地区投资体制的不同而呈现出差异。随着我国经济体制的转轨，企业投资体制也经历了从“计划”到“市场”的转变，企业融资来源更加的多元化，能够更加自主地对企业的投资行为做出决策。但同时企业也将承担更多的责任与压力，一旦企业投资失败，其损失不再由国家负责，而是企业自己埋单。同时，一个经济体系所处的市场环境也会对企业或市场主体的决策取向与效率造成影响，有缺陷的资本市场环境制约了企业经济活动效率的提高。建立健全的资本市场环境，能够拓宽企业投融资渠道，通过股票价格的涨跌来约束管理者的行为，有利于企业投资效率的提高。为了有效管制上市公司的投资行为，相关部门还出台了一系列的法律法规，如《公司

① 所谓投资体制，是指一个国家在组织领导和管理社会投资活动中所采取的基本制度和方式、方法。

法》《证券法》等相关条款以及国资委、中国证监会制定的《中央企业投资监督管理暂行办法实施细则》《关于执行〈公司法〉规范上市公司信息披露的通知》《关于进一步规范上市公司配股行为的通知》等法规制度。上市公司投资决策主体，依据法律法规等对公司投资行为进行规定，同时按照规定的运行机制来对公司的具体投资行为做出决策。表 4-8 对我国企业投资决策体制演变、上市公司投资决策市场环境、上市公司投资决策的法律框架以及上市公司投资决策的运行机制进行了列示。

表 4-8　企业投资制度背景

一、我国企业投资决策体制演变	
中华人民共和国成立后近三十年	集权主导型投融资体制，企业的投融资决策权由政府掌握，投资资金由国家财政拨付，投资后果由国家承担，企业整体投资效率极其低下
十一届三中全会确立了改革开放之后	分权主导型投融资体制，出资方式是由银行提供有偿贷款，投资项目管理审批权逐步下放给地方政府或由企业自主决策，提高了企业的投资效益，但也使企业投资面临较高的财务风险
十四届三中全会以后	多元化投融资体制，按照“谁投资、谁决策、谁受益、谁承担风险”的原则，进一步下放投资决策自主权，发展资本市场，拓宽投融资渠道，同时强调建立健全资本金制度约束控制企业风险
二、上市公司投资决策市场环境	
体制缺陷	主要表现在两个方面：一是政府对资本市场的干预，直接影响企业的投融资效率；二是政府在资本市场中扮演规则制定者和执行者双重角色，无法对资本市场进行有效监管
市场机制缺陷	主要表现在两个方面：一是竞争机制失效，市场中缺乏产权明晰的投资主体；二是约束机制弱化，大部分上市公司由国企改制而来，产权不明、所有者缺位使企业投资行为不能得到有效制约，企业资本市场运行效率受到严重影响
三、上市公司投资决策的法律框架	
《公司法》对公司投资行为的一般规定	《公司法》第一次以法律的形式对我国公司或企业的投资行为进行了明确的界定，并在公司具体投资决策行为的运行机制上进行了规定

（续）

	三、上市公司投资决策的法律框架
我国上市公司投资行为的法律规定	《关于执行〈公司法〉规范上市公司信息披露的通知》《关于进一步规范上市公司配股行为的通知》《关于进一步规范上市公司募集资金使用的通知》
内部控制对公司投资行为的有关规定	财政部制定《内部会计控制规范——对外投资（试行）》，发改委制定《企业投资项目核准暂行办法》，国资委《中央企业投资监督管理暂行办法实施细则》《上海证券交易所上市公司内部控制指引》
	四、上市公司投资决策的运行机制
股东大会	公司最高权力机关，对公司的一切事务具有按照“一股一票”的原则进行投票的权利，在此原则下公司的重大投资决策权主要由大股东所掌控，中小股东的利益无法得到保障
董事会	仅次于股东大会的权力机关，主要职责是监督管理层，及向管理层提出建议
监事会	公司权力制衡机构，负责检查公司财务、监督董事经理违反法律法规等有关公司规定的行为、对董事经理损害公司利益的行为予以纠正以及提议召开临时股东大会等
经理	公司执行机关，负责管理公司事务、执行董事会做出的公司决策

4.3.2 企业投资现状分析

由于我国经济结构的多元化，以及企业的不同所有制特征，我国公司投资呈现多样化、复杂化的趋势①。不同领域间投资规模差异显著，一些领域出现产能过剩，而另一些领域可能存在投资不足的情况。由表 4-9 可以看出，一方面，我国整体投资规模呈逐年上升的趋势，2006 年我国固定资产投资总额为 109 998.20 亿元，2014 年增加到了 512 760.70 亿元②，年复合增长率为 21.22%。就每年的增长比例来看，从 2006 年到 2014 年呈现先升后降的趋势，其中 2009 年达到最高值，为 29.95%，2010 年最低，为 12.06%，之后增幅每年稳步降低。这与我国的宏观政策有关，2009 年固定资产投资的高幅增长是

① 吕长江，张海平．股权激励计划对公司投资行为的影响［J］．管理世界，2011（11）：118-126+188.

② 数据来源于国家统计局网站：http://data.stats.gov.cn/。

由于在全球金融危机情况下，我国为了维护经济平稳增长而出台了4万亿元的投资刺激计划，由此造成了部分行业产量产能不断扩展。为防止盲目投资和低水平重复建设，促进经济结构转型升级，国家在后期减少了投资。另一方面，由投资构成情况可以看出，建筑安装工程是固定资产投资的主要方面，我国的固定资产投资更加注重对基础设施建设的投资，而对其他诸如环保、高新技术等创新领域的投资却远远不足。以表4-10的研发投入为例，虽然世界知识产权组织发布的《2011年世界知识产权报告》表明，中国研发支出占全球研发总支出的比例在数量上已成为全球第二①，但与美、日等发达国家相比，创新投入仍然相当少②。可见，投资过度和投资不足是我国经济运行中的客观事实。

表4-9 固定资产投资构成

年度	全社会固定资产投资		固定资产投资构成		
	投资规模/亿元	投资增长率	建筑安装工程/亿元	设备工具器具购置/亿元	其他费用/亿元
2006	109998.2	0.2391	66775.83	25563.9	17658.43
2007	137323.94	0.2484	83518.28	31574.77	22230.89
2008	172828.4	0.2585	104958.88	40594.06	27275.46
2009	224598.77	0.2995	138758.33	50844.21	34996.22
2010	251683.77	0.1206	155580.54	53842.76	42260.47
2011	311485.13	0.2376	200195.7	65152.3	46137.12
2012	374694.74	0.2029	243617.52	77724.15	53353.07
2013	446294.09	0.1911	298424.17	91074.44	56795.47
2014	512760.7	0.1489	341412.13	99679.84	60912.94

数据来源：国家统计局网站（http：//data.stats.gov.cn/）。

表4-10 研发投资情况

年度	国内生产总值/亿元	研发经费支出/亿元	研发支出占GDP比重
2006	217656.6	3003.1	0.0138
2007	268019.4	3710.2	0.0138
2008	316751.7	4616	0.0146
2009	345629.2	5802	0.0168

① 从1993年的2.2%增长到2009年的12.8%，仅次于美国2009年的33.4%。

② 美国2006年研发投入达到GDP的2.57%，日本在2004年已经达到3.18%。

（续）

年度	国内生产总值/亿元	研发经费支出/亿元	研发支出占 GDP 比重
2010	408903	7063	0.0173
2011	484123.5	8687	0.0179
2012	534123	10240	0.0192
2013	588018.8	11847	0.0201
2014	636138.7	13312	0.0209

数据来源：国家统计局网站（http：//data. stats. gov. cn/）。

表4-11列示了从2009年到2013年5年间固定资产投资在不同行业中的构成情况。由表4-11可以看出固定资产投资规模在不同行业中存在巨大差异，其中固定资产投资规模最大的当属制造业，2009—2013年，每年制造业投资占总投资规模的比重分别是31.4%、35.2%、32.98%、33.2%、33.1%，平均为33.19%。这主要是因为制造业作为我国的主导产业，数量最多，所占比重最大。房地产业居第二位，2009—2013年5年间，每年房地产业投资占总投资规模的比重分别是26.6%、26.4%、26.2%、25.8%、21.9%，平均为25.4%。从整个社会投资规模的占比来看，制造业和房地产业两个行业占社会投资总额的比重接近60%，成为社会投资的主要行业。

表4-11 不同行业固定资产投资构成情况表

行业	2009年	2010年	2011年	2012年	2013年
农、林、牧、渔业	6894.86	7923.09	8757.82	10996.44	13478.8
采矿业	9210.84	11000.95	11747	13300.82	14650.8
制造业	70612.9	88619.2	102712.85	124550	147705
电力、燃气及水的生产和供应业	14434.56	15679.72	14659.75	16672.67	19634.7
建筑业	1992.46	2802.24	3357.12	3738.97	3669.76
交通运输、仓储和邮政业	24974.67	30074.48	28291.66	31444.9	36790.1
信息传输、计算机服务和软件业	2588.95	2454.49	2174.45	2691.96	3084.88
批发和零售业	5132.81	6032.19	7439.42	9810.67	12720.5
住宿和餐饮业	2625.38	3366.76	3956.63	5153.47	6041.11
金融业	360.15	489.38	638.73	923.92	1241.97
房地产业	49358.51	64877.29	81686.06	99159.31	118809
租赁和商务服务业	2036.18	2692.56	3382.82	4700.4	5893.24

（续）

行业	2009 年	2010 年	2011 年	2012 年	2013 年
科学研究、技术服务和地质勘查业	1200. 84	1379. 28	1679. 77	2475. 76	3133. 21
水利、环境和公共设施管理业	19874. 36	24827. 59	24523. 15	29621. 56	37663. 9
居民服务和其他服务业	801. 93	1114. 06	1443. 27	1905. 03	2099. 29
教育	3521. 18	4033. 61	3894. 59	4613	5432. 97
卫生、社会保障和社会福利业	1858. 64	2118. 98	2330. 27	2617. 15	3139. 29
文化、体育和娱乐业	2383. 39	2959. 4	3161. 97	4271. 26	5231. 11
公共管理和社会组织	4735. 92	5676. 58	5647. 79	6047. 4	5874. 13

数据来源：国家统计局网站（http：//data. stats. gov. cn/）。

从微观角度来看，我国企业投资整体处于较低水平。企业投资的主要目的是获得利润，实现预期的回报。通常来说，只有企业的投资回报率不低于资本成本时，才能为企业创造价值。为考察中国上市公司的投资回报情况，本书将上市公司 2006—2014 年的总资产净利率（ROA）年均值与同期一年期短期税后贷款利率（K）进行比较（图 4-8）。从图 4-8 可以直观地看出，2006—2014 年的 9 年间，除 2007 年、2010 年、2011 年企业总资产净利率高于税后贷款利率外，其余六个年份的全部上市公司 ROA 的均值都低于债务的税后资本成本，说明我国上市公司整体投资效率有待提高。

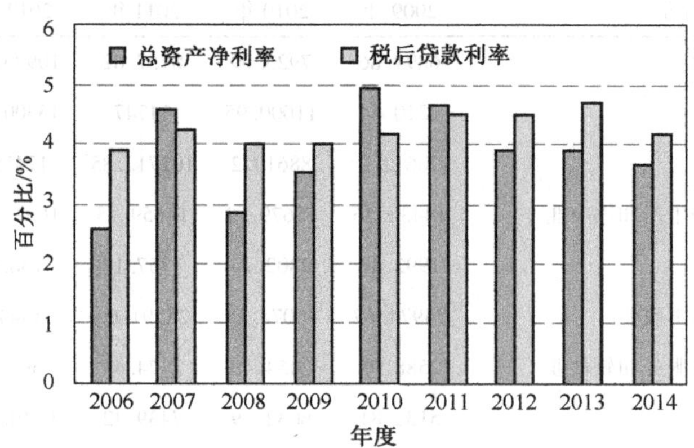

图 4-8　上市公司投资收益图

注：2006 年、2007 年的税后资本成本等于企业一年期贷款利率×（1-33%）；
2008—2014 年的税后资本成本为企业一年期贷款利率×（1-25%）；
利率取自中国人民银行官方网站 http://www. pbc. gov. cn。

4.4 本章小结

本章为本书研究的制度现状篇，通过 4.1 节的研究，认为我国股权结构集中度较高，企业存在双重委托代理问题，既有经理与全体股东的第一类代理冲突，又有大股东或控股股东与中小股东间的第二类代理冲突；4.2 节梳理了股权激励制度在我国的发展历程及发展现状，认为股权激励制度是制度发展的产物，将继续活跃在资本市场中，并伴随着相关制度的发展而不断完善，在公司中发挥重要治理效应。4.3 节对我国企业投资制度背景和投资现状进行了分析，随着市场化改革的推进，企业在投资决策上拥有更多的自主权，但由于我国经济结构的多元化，以及企业的不同所有制特征，我国公司投资呈现多样化、复杂化的趋势，投资过度和投资不足等非效率投资是我国经济运行中的客观事实。

第5章

股权激励与投资效率实证分析

在企业中，投资非效率问题普遍存在，这除了与企业对市场的洞悉程度不足有关外，还有一个很重要的原因就是企业内部治理机制的不完善。在两权分离以及资本市场信息不对称的情况下，股东对高管的行为动机无法全面知晓，不能对经理人员进行直接有效的监督，为高管人员滥用职权提供了便利，影响企业投资水平，造成企业投资效率低下。投资非效率包括投资过度和投资不足两种情况①：投资过度是管理者为了从控制更大规模的企业资源中获取更多的在职消费，或者满足个人的权力欲，而持续扩张企业规模，使企业投资于净现值为负的项目，导致过度投资。过度投资使企业的自由现金流被无效占用，一旦经营失败，很可能把企业拖入破产的边缘。投资不足主要是那些喜欢清闲、风险规避型的管理者为了避免承担更多的风险，减少所付出的私人成本，放弃一些对公司长远发展有利的项目，造成投资不足。而投资不足会使企业失去良好的投资机会，阻碍公司的健康成长。在股权集中度较高的上市公司中，大股东具有较高的控制权，如果没有很好的制约机制，大股东为了谋取个人私利的最大化，也会进行“隧道挖掘”等掏空公司的行为，使企业投资偏离最优水平，无法实现帕累托最优，这些都不利于企业的基业长青。

在各种复杂的企业利益关系中，要想改善企业的非效率投资状态，就必须健全公司治理机制，设计出一种激励与约束相容的合约，使企业在激励高管、促进企业管理者与股东利益目标相趋同的同时，又能有效制约大股东的侵占行为。通常情况下，企业对高管人员的激励可以从物质、精神、短期、长期几个层面进行（具体激励类型见表5-1）。但最能发挥激励约束相容效果的是长期股权激励。

① 根据Verdi等（2006）的观点，在不存在市场摩擦的情况下，若公司投资了所有净现值为正的项目，而拒绝了所有净现值为负的项目，则认为投资是有效率的。因此，非效率投资是指拒绝了净现值为正的项目，而接受了净现值为负的项目，前者称为投资不足，后者称为投资过度。

表 5-1　激励类型

激励类型	具体内容
物质激励	基本工资、股票赠予、奖金、分红、提成、年薪制等
精神激励	职位晋升、荣誉称号、职称、度假、进修等
长期激励	股权激励（限制性股票、期权等）
短期激励	奖金、在职消费等

股权激励能够使企业高管分享企业剩余收益，将管理者的个人收益目标与企业长远目标紧密联系在一起，作为一种综合性的激励约束机制，是企业分配制度的革新。最优契约理论也指出，股权激励作为一种激励约束相容的长效激励机制，弥补了传统以货币薪酬为主的薪酬激励模式的不足，能够使管理层利益与公司长远利益趋同，有效缓解代理冲突。西方资本主义国家的实践证明，建立股权激励契约，有助于缓解高管与股东之间的代理冲突，减少企业代理成本。Jensen 和 Meckling（1976）、Murphy（1986）、Ang 等（2000）学者的经验检验支持了这个结论。他们指出由于企业两权分离，以及信息不对称下的逆向选择问题，使企业存在严重的委托代理冲突。通过采用高管持股的激励方式，能够在一定程度上减少这种冲突（Jensen 和 Meckling，1976；Murphy，1986）。Ang 等（2000）通过对 1708 家小公司进行验证，认为在控制了行业性质、资产规模以及财务结构等变量后，随着高管所持股份的增加，代理成本显著减少。Aggarwal 和 Samwick（2006）也表明经理人激励是有效解决代理冲突的天然机制。Tzioumis（2008）对美国上市公司 1994—2004 年的数据进行检验，研究结果也表明管理层股权激励与代理成本负相关。在我国，陈冬华等（2005）、周中胜等（2008）也进行了有关股权激励与代理问题的研究，得出股权激励能够发挥“金手铐”的作用，使高管利益与股东利益相一致，有效降低管理层与股东间的利益冲突。

随着股权激励制度的成熟及在企业中的实施更加广泛，部分学者的研究视角转向了股权激励对大股东侵占的影响中来，检验股权激励的实施是否能够有效作用于大股东的侵占问题，得到了积极的发现。如 van den Steen（2005）研究发现股权激励的利益趋同效应同样可以降低大股东对中小股东的利益侵害①。我国学者丑建忠等（2008）也对股权激励影响大股东的侵占进行了验证，结果表明通过让高管持有公司股份可以减少第二类代理冲突。

由于股权激励在我国起步较晚，发展尚不成熟，有关股权激励的研究还很

① van den Steen E. Too motivated? [J]. MIT sloan working paper, No. 4547-05, 2005.

不全面。且早期有关股权激励研究的文献，研究的并不是真正意义上的股权激励。本书所要研究的问题是：中国上市公司股权激励计划的实施是否具有较好的治理效果？能否有效应对上市公司的非效率投资问题？不同股权契约结构对非效率投资的作用效果是否存在差异？股权激励对投资效率的治理效应受哪些因素的影响？对这些问题的解决有助于更好地理解实施股权激励对企业非效率投资行为的影响，进而优化公司治理机制。本章以 2006—2014 年沪深 A 股公告实施股权激励的非金融上市公司为样本，主要运用 Rubin（1974）提出的倾向得分匹配理论来检验股权激励在企业中的实施对上市公司投资过度和投资不足行为的制约，不同股权激励契约结构（如股权激励方式、股权激励水平、股权激励有效期）对企业投资效率的作用效果，以及股权激励对投资效率的影响在不同产权性质、不同股权集中度和不同行业特征中的差异。

本章后续结构安排如下：5.1 节是理论分析与研究假设；5.2 节是研究设计，包括研究方法——倾向得分匹配、样本选择与数据来源、模型设定与变量定义；5.3 节是研究结果分析，具体包括描述性统计与相关性分析、实证分析、进一步分析以及稳健性检验；5.4 节是本章的研究结论。

5.1 理论分析与研究假设

5.1.1 股权激励实施与否对投资效率的影响

操作条件反射理论认为，人的行为是对外部环境刺激所做的反应，只要创造和改变外部的操作条件，人的行为就会随之改变，该理论的意义在于用改造环境的办法来保持和发挥那些积极的、有愉快结果的行为，减少或消除消极的、有不愉快结果的行为①。而行为改造激励理论认为激励的目的在于对个人的行为方式进行改造和修正，那么股权激励能否消除管理者出于追求个人私利目的导致的过度投资或投资不足呢？

Murphy（1999）研究得出，在具有较高投资机会的公司中，为激励经理人投资于盈利项目通常会选择实施股权激励。Lazear（2004）的研究表明，股权激励能够发挥信号效应，减少企业面临的信息不对称，激励高管选择并投资到有利于公司发展的项目。van den Steen（2005）研究证实，通过对代理人赋予较强的股权激励，能够将管理层利益与企业长远利益结合起来，进而激励管理人员选择有利于公司价值最大化，而非有利于大股东利益的企业决策，在一

① 著名心理学家斯金纳（B. F. Skinner）提出的操作条件反射理论。

定程度上可降低大股东的侵占。

国内研究股权激励对公司投资行为影响的文献尚不多。唐雪松等（2007）采用Vogt① 投资模型对高管持股与企业过度投资进行研究，发现通过让公司高管持股，能够有效抑制企业过度投资行为。张功富和宋献中（2009）通过构建模型对企业的非效率投资进行计量，研究发现样本公司中投资不足问题非常普遍，占60%，并检验得出，通过实施股权激励制度让管理层持股能够促进高管利益和公司目标的有效协同，减少高管与股东间的代理冲突，降低高管恶意扩张企业规模进行过度投资的动机。辛清泉等（2007）基于国有企业薪酬管制的制度背景，考察了经理人的货币薪酬对投资过度和投资不足的影响，但没有研究经理人股权激励对资本投资的影响。罗富碧等（2008）验证了企业股权激励对投资行为的影响，以及投资是否又反过来影响企业股权激励的实施，得出高管股权激励显著正向影响企业投资行为，同时企业的投资也对高管股权激励有显著影响。但他们的研究对象是股权分置改革以前的数据，并不是真正意义上的股权激励样本。

国内外的学者们采用实证证据检验了股权激励与企业过度投资间的关系。如Broussard等（2004）以美国1910家企业1993—1997年数据为研究对象，分别采用高管持股和股票期权来衡量高管激励水平，实证检验高管激励与投资之间的关系，研究发现：高管激励水平越高，企业投资现金流敏感性越低，特别是在增长机会较低的公司中，经理人激励可以抑制企业过度投资行为；Zhang（2005）以1557家上市公司1993—2004年的数据为研究对象，检验高管激励对投资现金流敏感性的影响，结果表明经理人股权激励与投资现金流敏感性负相关，但CEO持有股票的比例与公司的投资现金流敏感性水平的关系却不显著。吕长江和张海平（2011）选取2006—2009年间实施股权激励计划的公司作为研究对象，参考Richardson（2006）投资模型，对股权激励与企业投资行为关系进行检验，结果表明对公司实施股权激励能够减少企业的过度投资行为。

Smith和Watts（1992）认为有效的薪酬契约有助于降低高管和股东之间的代理问题，从而抑制管理者的自利行为。对于资本投资决策而言，对高管实行薪酬激励的目的不仅在于减少因经理“帝国建造”而带来的过度投资行为，更在于鼓励经理人不要放弃那些净现值大于零的投资项目，减少企业的投资不足行为。Hall和Murphy（2003）认为对高管进行期权激励能够在一定程度上克服经理人的风险规避行为，促使其投资于风险更高的项目，减少投资不足，

---

① VOGT S C. The cash flow/investment relationship: evidence from US manufacturing firms [J]. Financial management, 1994, 23 (2): 3-20.

而进行股票激励则不能得到显著的效果。这是因为，就期权激励而言，在行权期内，只有当公司股价在行权价之上时，持有人才能获得激励报酬；如若公司股价未达到执行价格，经理人将被放弃行权，期权激励的这种非对称特点将激励经理人付出努力。而对于股票激励，即使股价再低，经理人仍然拥有公司的部分所有权。Wright 等（1983）也发现通过授予管理层股票期权能够促进公司的风险承担行为。Aggarwal 和 Samwick（2006）研究表明，对管理层进行股权激励能够改变管理层的风险偏好，提高私人收益，减少企业投资不足，且股权激励水平与公司投资和企业业绩呈正相关。Broussard 等（2004）通过研究薪酬绩效敏感性对公司投资效率的影响，结论支持在成长机会较好的公司，薪酬业绩敏感性的增加，能够抑制企业过度投资；而在发展机会较低的公司，薪酬业绩敏感性的增加则能够缓解因经理人进行风险规避而导致的企业投资不足。企业高管认识到投资的成功与否直接影响到企业的成败，偏离最优投资规模的行为无疑会制约企业的长远发展。通过对管理层实施股权激励，可促使他们发掘投资潜力，从而提高企业未来业绩。辛清泉等（2007）对经理人货币薪酬对投资不足的影响进行了研究，发现经理人货币薪酬对投资不足有抑制作用。罗付岩（2013）采用倾向得分匹配法，证明了股权激励能够显著缓解企业投资不足行为，另外，不同股权激励模式在国有企业中对投资不足的影响没有显著差异，在非国有企业中期权激励方式的治理效果更优。基于以上分析，提出本章的第一个假设。

H1：与未实施股权激励相比，实施股权激励能够有效缓解企业的非效率投资问题。

5.1.2 股权激励方式对投资效率的影响

Goering（1986）的理论研究表明，由于经理人的经营风格存在差异，激励方式的选择在股权激励合约的设计中显得尤为重要。后来的一些学者①也证实了这一观点。

通过对已经实施股权激励方案的公司进行统计，股权激励的主要方式包括股票期权、业绩股票、限制性股票、股票增值权、虚拟股票等。在这些常用的股权激励方式中，股票期权和限制性股票是国内外企业最经常采用的两类。作为激励工具，尽管股票期权和限制性股票的实施都能够让企业管理者分享企业剩余收益，但二者并不能达到同样的效果。

作为一种看涨期权，股票期权（也称认股权证）是给予激励对象的一种未

---

① Lazear（2004）、Barron 和 Waddell（2008）等研究表明企业股权激励方式的选择受管理层经营风格的影响。

来选择权，股票期权持有者可以凭借该权利在未来一定时期内以确定的价格购买一定份额的公司股票。作为公司给经理人的一种权利，股票期权能够把经理人的经济收益同公司长期绩效相结合，促使企业高管将注意力从短期的财务目标，转移至公司的长期持续发展；相较而言，限制性股票对激励对象的约束体现在服务期限和公司业绩上。限制性股票通常需要持有者事先投入部分资金，并且承担着股价下跌所造成的损失本金的风险。对于无偿赠予的限制性股票，这种“旱涝保收”型激励方式所起的主导效用是为企业留住人才。因此，从某种程度上说，就解决代理冲突问题而言，股票期权的激励效用优于限制性股票。

一些学者从数理分析和实证检验的角度对股票期权与限制性股票的激励效果进行了研究，他们普遍认为股票期权比限制性股票更有利于发挥激励效用。如 Feltham 和 Wu（2001）基于期望效用函数构造了一个能够反映经理人努力程度的模型，计算出高管的最佳努力水平，进而检验股票期权和限制性股票两种激励方式对高管努力程度的影响。他们发现股票期权和限制性股票对经理人努力程度的作用效果应分情况讨论：若高管行为只影响产出均值，则限制性股票对高管的激励效果更优；若高管行为对产出均值和产出方差都有影响时，则股票期权对高管的激励效果更优。Richard 和 David（2004）在 Feltham 和 Wu（2001）的基础上对模型进行了修正，把限制性股票和股票期权纳入一个模型中去，在高管努力程度不变的情况下，研究不同的激励方式作用的差异，发现激励成本与执行价格负相关，股票期权的激励效果优于限制性股票。Bryan 等（2000）以标准普尔 500、中型股 400 和小型股 600 在 1992—1997 年的数据为研究对象，采用单因素检验和 Tobit 模型对股票期权与限制性股票的效果差异进行检验，认为对于风险规避型高管，股票期权的激励效果优于限制性股票，但对于边际所得税率较高的公司而言，它们更倾向于选择其他股权激励模式而非股票期权。Carter 等（2006）的实证研究发现，公司更倾向于采用股票期权而非限制性股票来激励高管，促使其实现预期盈利并获得外源性融资。Sanders 和 Hambrick（2007）的研究也发现，倘若经理人获得足够多的股票期权，其会更青睐于高风险高回报的投资项目，因为他们能够获得投资成功带来的收益却不用承担项目失败而带来的损失。

国内方面对股权激励方式的研究比较有限。童晶骏（2003）通过对不同激励模式下的激励效果进行检验，结果发现股票期权的激励效果更为有效。李曜（2008）运用事件研究法检验了不同股权激励方式对股价公告效应的影响，发现股票期权激励与股价公告效应显著负相关，而限制性股票激励对股价公告效应没有显著影响。杨慧辉（2008）基于委托代理理论构建了模型，对股票期权和限制性股票的激励效果进行理论分析，研究证明在无偿赠送给企业高管限制性股票的情况下，期权激励具有更好的激励效果，且总体来看，对于股东而言，期权激励所付出的经济成本更低。连玉君和苏治（2009）从融资约束的角度对股权激励方式进行了分析，他们认为，在中国资本市场现状下，由于多数上市公司都面临不同程度的融资约束，而与限制性股票相比，股票期权对企业的现金流不构成影响，因此，企业更倾向于采用股票期权的激励方式。

基于此，提出本章第二个假设。

H2：在其他条件不变的情况下，与限制性股票相比，股票期权对非效率投资的抑制作用更好。

5.1.3 股权激励水平对投资效率的影响

剩余索取权理论认为，股权激励能够通过缓解企业剩余索取权和剩余控制权的不一致，来促使管理层收益与企业利益趋同，从而有效克服经理人的道德风险和逆向选择，降低企业代理冲突。在经营权和控制权两权分离的情况下，经理人获取企业剩余索取权的大小依赖于其持股比例的多少。但对股权激励效果的研究，学界并未达成一致意见，代表观点主要有利益趋同假说和壕沟效应假说。利益趋同假说认为，通过对高管实施股权激励能够使管理层利益与股东利益相一致，有效缓解二者之间的代理冲突；壕沟效应假说的观点则是，授予高管股权激励使管理层的权力更大，管理者拥有的权力越大，越有可能利用公司为自己攫取更多私利，从而增加代理成本。Agrawal 和 Mandelker（1987）、Kang 等（2006）通过研究高管持有的股权占报酬总额的比重对企业投资的影响，发现持有股权给企业高管带来的薪酬与企业投资效率正相关，证明了股权激励利益趋同效应的存在。而 Demsetz 和 Lehn（1985）研究证实管理层持股与企业价值没有相关关系。Bens 等（2002）认为，授予高管大量的股权激励会导致他们行为更加短视，股权激励作为治理成本的一部分反而增加了企业的代理成本（Bebchuk 等，2003）。还有一些学者研究发现股权激励存在的区间效应，是利益趋同效应和壕沟效应共同作用的结果，这方面的研究以 Morck（1988）为代表①，Short 和 Keasey（1999）、Khanna（2004）等也对此做出了贡献。

但在我国，由于中国证监会对上市公司的股权激励数量做出了明确限制，企业对高管进行股权激励并不足以造成管理层权力操纵。《上市公司股权激励管理办法（试行）》规定“……股权激励计划所涉及的标的股票总数累计不

---

① Morck 等（1988）分别以董事持股比例和托宾 Q 值来衡量企业股权激励和公司价值，对股权激励与公司价值之间的关系进行考察，结果表明，当董事持股比例处在 0~5%区间时，托宾 Q 值与董事持股比例正相关；当董事持股比例处在 5%~25%区间时，托宾 Q 值与董事持股比例负相关；当董事持股比例大于 25%时，托宾 Q 值与董事持股比例又呈正相关关系，但二者的相关程度有所减弱。

得超过公司股本总额的10%……任何一名激励对象通过全部有效的股权激励计划获授的本公司股票累计不得超过公司股本总额的1%……”。宋建波和田悦（2012）也认为我国上市公司高管持股比例普遍不高，与利益趋同效应和壕沟效应的临界水平25%的持股比例有很大差距。因此股权激励在我国企业中主要呈现出利益趋同效应。基于以上分析，提出本章第三个假设。

H3：股权激励水平越高，企业的非效率投资水平越低。

5.1.4 股权激励有效期对投资效率的影响

股权激励的有效期是指从授予时间算起股票期权可以执行的期间，即股票期权的寿命期间。一般而言，由于高管每期行权都要面临激励条件的约束，因此股票期权的有效期越长，激励对象行权的门槛越高。另外，股权激励的有效期越长，每期可行权的数量也就越少，从而能够降低高管操纵股价的动机；相反，较短的股权激励有效期很可能使高管通过股权激励为自己谋取福利①。

Brown（2002）认为，经营者如若在短期内能够自由卖出他们所持有的股票，则其采用盈余管理行为来提高公司股价的动机就会增强，将可能会损害公司的长期价值。但由于会计指标不易被长期进行盈余管理，激励有效期越长，越能显著削弱高管操纵行权指标的能力。因此，选取较长的激励期限，可有效实现股权激励的时间约束效应。Bebchuk和Fried（2010）指出，最优的激励框架设计应将股权激励与企业长期价值相联系，且设定较长的激励有效期。吕长江等（2009）以2005年初至2008年年底4年中宣告股权激励计划的上市公司为研究对象，对股权激励契约结构对股票收益的影响进行检验。他们把5年股权有效期作为划分福利型公司和激励型公司的标准，指出为了克服激励对象行为短期化倾向，激励期限一般应设为5年以上，而且要分层分批行权。基于以上分析，提出本章第四个假设。

H4：股权激励有效期越长，非效率投资问题越少。

5.2 研究设计

5.2.1 研究方法——倾向得分匹配

根据是否已经实施股权激励方案，可把样本公司区分为两类：激励组——

① 吕长江，郑慧莲，严明珠，等．上市公司股权激励制度设计：是激励还是福利？[J]．管理世界，2009（9）：133-147+188.

实施股权激励的公司；控制组——未实施股权激励的公司。为解决股权激励实施中的内生性问题，合理评估股权激励的效果，避免样本选择偏误，本书参考Armstrong等（2011）、卢闯和孙健等（2015）的研究，采用倾向得分匹配法对文章的主要假设进行检验。倾向得分匹配理论是由Rubin和Rosenbaum① 提出的，其核心在于：通过Logit模型或Probit模型综合研究对象的多个特征，计算出一个倾向得分值（PS值），并采用一定的匹配方法为激励组找到特征最接近的控制组，降低样本选择的偏误。PSM的实质就是“降维”。下面首先介绍PS值的获取方法，进而介绍广泛使用的三种匹配方法，以及平衡性检验和平均处理效果的估计方法。

1. 获取倾向得分值

倾向得分值是指在给定样本特征X的情况下，某公司实施股权激励计划的条件概率，即

$$P(X) = \Pr[d = 1 | x] = E[D | X] \tag{5-1}$$

其中，X是一系列可能影响企业实施股权激励的因素，也称匹配变量；D是指标变量，表示企业是否实施了股权激励，取值为0或1，当$D=1$时，表示该公司实施了股权激励，否则取0，据此将样本划分为激励组和控制组；P为企业实施股权激励的概率，即倾向得分值。

在实证分析中，倾向得分值往往不易观测，借鉴Dehejia和Wahba（2002）的做法，采用Logit模型或Probit模型等概率模型进行估计。

$$PS(X_i) = P(X_i) = \Pr[D_i = 1 | X_i] = \exp(\beta X_i)/(1 + \exp(\beta X_i)) \tag{5-2}$$

$PS(X_i)$ 为样本i实施股权激励的倾向得分值；D为政策变量，是一个虚拟变量，表示企业是否实施了股权激励，取值为0或1，当$D=1$时，表示该公司实施了股权激励，否则取0；$\exp(\beta X_i)/(1 + \exp(\beta X_i))$为Logit分布函数；$X$为影响股权激励计划实施与否一系列因素；$\beta$为参数值。

2. 选择匹配方法

在计算出PS值后，理论上可以按照倾向得分值对激励组和控制组进行匹配，但鉴于倾向得分值是一个连续变量，仅仅依据PS值的大小在激励组与控制组找到完全相同的样本并不是一件容易的事。因此常常采用最近邻匹配（nearest neighbor matching）、半径匹配（radius matching）或者核匹配（kernel matching）等具体的配对方法来实现控制组与激励组的精确匹配。

1）最近邻匹配

最近邻匹配的原则是，根据估算出的PS值，前向或后向为激励组寻找控

① ROSENBAUM，P R，RUBIN D. The central role of the propensity score in observational studies for causal effects［J］. Biometrika，1983，70（1）：43-55.

制组中与之 PS 值最为接近的样本，作为前者的匹配对象。该方法的匹配原则可用式（5-3）表示：

$$C(i) = \min_{j} \| p_i - p_j \| \tag{5-3}$$

其中，$C(i)$ 表示与激励组中第 i 个样本所对应的匹配样本构成的集合，相应的倾向得分值为 P_t。

2）半径匹配

半径匹配的基本思想是，预先设定一个常数 r，将激励组中得分值与控制组中得分值的差异在半径 r 范围内进行配对，半径越小，匹配的要求越严。其筛选原则可表示如下：

$$C(i) = \{ p_j | \| p_i - p_j \| < r \} \tag{5-4}$$

完成配对后，接下来需要计算平均处理效应 ATT。对于激励组中观测值 i，即 $i \in T$，假设它有 N_i^C 个匹配对象，若 $j \in C(i)$，则设定权重为 $w_{ij} = 1/N_i^C$；否则设定权重 $w_{ij} = 0$。设激励组中共有 N^T 个观测对象，则平均处理效果的计算式为①

$$\tau^M = \frac{1}{N^T} \sum_{i=T} Y_i^T - \frac{1}{N^T} \sum_{j=C} w_j Y_j^{\ C} \tag{5-5}$$

其中，M 表示匹配方法（如最近邻匹配法或半径匹配法），权重 $w_j = \sum w_{ij}$。如果假设权重未改变，同时激励组样本中投资效率彼此独立，则 τ^M 的方差估计式为①

$$\mathrm{Var}(\tau^M) = \frac{1}{N^T} \mathrm{Var}(Y_i^T) + \frac{1}{(N^T)^2} \sum_{j=C} (w_j)^2 \mathrm{Var}(Y_j^{\ C}) \tag{5-6}$$

3）核匹配

核匹配的方法有别于最近邻匹配和半径匹配，核匹配需要构造一个虚拟对象来与激励组相匹配，构造的原则是对所有控制变量做权重平均，权数则由核函数计算得出，其取值与激励组和控制组倾向得分值的差距呈反向相关关系。若采用核匹配，则平均处理效果 ATT 的估计式为

$$\tau^K = \frac{1}{N^T} \sum_{i=T} \left\{ Y_i^T - \frac{\sum_{j \in C} Y_j^C G((P_j - P_i)/h_n)}{\sum_{k \in C} G((P_k - P_i)/h_n)} \right\} \tag{5-7}$$

其中，$G(\cdot)$ 为核函数，h_n 为带宽参数（bandwidth parameter）。在式（5-7）中，大括号最后一项是核匹配下 Y 的一致估计量。

① BECKER S, ICHINO A. Estimation of average treatment effects based on propensity scores [J]. Stata journal, 2002, 2 (4): 358-377.

3. 平衡性检验

在对平均处理效果进行汇报前，需要检验配对样本是否满足共同支撑假设和平衡性假设，来检验样本的匹配效果。其中，共同支撑假设需要保证激励组的样本都能通过 PS 值找到与之配对的控制组样本。平衡性假设是指与匹配的公司在匹配变量上不具有显著差异，如此才能保证平均处理效果的可靠性。

4. 衡量平均处理效应

激励组和控制组的公司经过匹配后在各匹配变量上的差异不再显著，二者的差别主要是由某项政策的采用所导致。借鉴 Becker 和 Ichino① 的方法，根据式（5-8）计算激励组与控制组的 ATT，判断股权激励对投资效率的净效应。如果 ATT 具有统计上的显著性，则意味着股权激励的实施能够对企业的非效率投资行为产生影响。

$$\begin{aligned} \text{ATT} &= E[Y_{1i} - Y_{0i} \mid D_i = 1] = E\{E[Y_{1i} - Y_{0i} \mid D_i = 1, P(X_i)]\} \\ &= E\{E[Y_{1i} \mid D_i = 1, P(X_i)] - E[Y_{0i} \mid D_i = 0, P(X_i) \mid D_i = 1]\} \end{aligned} \tag{5-8}$$

其中，Y 为衡量股权激励效应的结果变量；Y_{1i} 和 Y_{0i} 分别表示某样本公司在实施股权激励和未实施股权激励两种情况下的非效率投资水平。

5.2.2 样本选择与数据来源

为了检验本章提出的主要研究假设，必须明确界定激励组和控制组样本。对于激励组的样本数据采用如下方式进行整理：首先，从 CSMAR（国泰安）数据库中获取并整理出上市公司的股权激励公告信息；其次，对公告后又取消股权激励的公司进行剔除，在 2006—2014 年有 651 家上市公司实施了股权激励；最后，把公告股权激励计划当年及后三年作为实施股权激励的样本，公告股权激励计划前三年为未实施股权激励的样本。为避免 2007 年新企业会计准则对回归结果造成的影响，本书采用 2007—2014 年的数据进行实证检验。财务数据和公司治理数据均取自 CSMAR 数据库。为了后续分析的方便，参照 Lian Yujun 等（2011）将股权激励方式为“发行股票期权”的公司归类为“期权激励”子样本，而将采用股票增值权激励和限制性股票激励的公司归类为“股票激励”子样本②。本书对样本按如下原则进行筛选：①由于金融行业

① BECKER S, ICHINO A. Estimation of average treatment effects based on propensity scores [J]. Stata journal, 2002, 2 (4): 358-377.

② LIAN Y J, SU Z, GU Y D. Evaluating the effects of equity incentives using PSM: evidence from China [J]. Frontiers of business research in China, 2011, 5 (2): 266-290.

的会计核算体系以及资产结构有其特殊性，剔除金融保险类行业的上市公司；②剔除 2007—2014 年财务状况处于恶化状态的 ST（特别处理）类、PT（特别转让）类非正常交易的公司以及退市的公司；③剔除在公司 IPO（首次公开募股）当年实施股权激励的公司；④剔除样本区间内相关资料不全或有缺漏值的公司；⑤为消除极端值的影响，对所有连续变量在 1%和 99%分位上进行了缩尾处理。按照上述标准筛选后，最终得到 9244 个“公司-年度”观测值。样本行业年度分布见表 5-2，表中行业分类依据证监会 2012 年《上市公司行业分类指引》，其中：A 农林牧渔业，B 采矿业，C 制造业，D 电力、热力、燃气及水的生产和供应业，E 建筑业，F 批发和零售业，G 交通运输、仓储和邮政业，H 住宿和餐饮业，I 信息传输、软件和信息技术服务业，K 房地产业，L 租赁和商务服务业，M 科学研究和技术服务业，N 水利、环境和公共设施管理业，P 教育，Q 卫生和社会工作，R 文化、体育和娱乐业，S 综合。

表 5-2 样本行业年度分布

行业	2007 年	2008 年	2009 年	2010 年	2011 年	2012 年	2013 年	2014 年	合计
A	12	14	15	15	17	21	23	28	145
B	28	30	38	40	42	45	50	52	325
C	411	456	522	561	628	860	1073	1133	5644
D	51	51	54	54	54	57	58	58	437
E	16	20	25	27	32	39	47	44	250
F	76	80	82	88	89	95	104	100	714
G	43	53	56	54	58	66	69	69	468
H	4	4	6	7	8	8	7	5	49
I	12	15	18	23	40	57	81	99	345
K	48	52	57	57	62	66	64	57	463
L	9	8	11	12	13	16	16	17	102
M	0	0	0	0	2	5	6	10	23
N	9	10	11	11	11	12	17	16	97
P	0	1	1	1	1	1	1	1	7
Q	0	0	0	0	1	1	2	1	5
R	5	7	7	6	7	10	15	19	76
S	12	11	11	11	12	13	13	11	94
合计	736	812	914	967	1077	1372	1646	1720	9244

5.2.3 模型设定与变量定义

1. 投资效率的计量模型

本章对企业非效率投资的估算采用 Richardson 的模型，同时借鉴辛清泉等

(2007) 的分析思路，将企业总投资水平分为预期投资和非预期投资两部分。前者主要受公司投资机会、企业现金流以及资产负债水平等因素的影响；后者由企业总投资水平减去预期投资的残差来衡量。若残差<0，则意味着企业投资不足；相反，若残差>0，则说明企业投资过度。不管是投资不足还是投资过度，统称为非效率投资（Ineff），取值为残差的绝对值。公司预期投资估计模型如下：

$$\mathrm{Inv}_t = \alpha_0 + \alpha_1 \mathrm{Tbq}_{t-1} + \alpha_2 \mathrm{Cash}_{t-1} + \alpha_3 \mathrm{Lev}_{t-1} + \alpha_4 \mathrm{Age}_{t-1} + \alpha_5 \mathrm{Size}_{t-1} + \alpha_6 \mathrm{Return}_{t-1} + \alpha_7 \mathrm{Inv}_{t-1} + \sum \mathrm{Year} + \sum \mathrm{Industry} + \varepsilon \quad (5-9)$$

其中，Inv_t为当年的实际投资支出，采用现金流量表中“购建固定资产、无形资产和其他长期资产支付的现金”除以资产总额来衡量；Tbq_{t-1}代表公司上年度成长性，使用 t 年年末的托宾 Q 值来衡量，公司成长机会越多，资本投资量应该越大。Cash_{t-1}、Lev_{t-1}、Age_{t-1}、Size_{t-1}、Return_{t-1}、Inv_{t-1}分别表示企业上一年的资金持有量、财务杠杆、上市年限、公司规模、投资回报率和上一年的投资支出。此外，模型中还计入了行业效应（$\sum$ Industry）和年度效应（$\sum$ Year）。

2. Logit 模型

在对实施股权激励的公司和未实施股权激励的公司进行匹配前，本书利用 Logit 模型来计算各样本的倾向得分值①。Logit 模型如下所示：

$$\mathrm{Incentive}_t = \beta_0 + \beta_1 \mathrm{Roa}_t + \beta_2 \mathrm{Pay}_t + \beta_3 \mathrm{Top1}_t + \beta_4 \mathrm{Cash}_t + \beta_5 \mathrm{Sale}_t + \beta_6 \mathrm{Tbq}_t + \beta_7 \mathrm{Dual}_t + \beta_8 \mathrm{Age}_t + \beta_9 \mathrm{Mfee}_t + \beta_{10} \mathrm{Lev}_t + \beta_{11} \mathrm{Inv}_{t-1} + \varepsilon_t \quad (5-10)$$

在模型中各变量含义如下：$\mathrm{Incentive}_t$为股权激励虚拟变量，企业实施股权激励为 1，否则为 0。由于公司的特征会对股权激励实施与否产生显著影响，本书选择以下因素作为逻辑回归的匹配变量。

（1）公司业绩（Roa）：肖淑芳等（2012）研究发现绩效越好的公司越倾向于实施股权激励。

（2）高管薪酬（Pay）：人们对高管货币薪酬对企业实施股权激励的影响有两种观点，一种认为高管货币性薪酬与股权激励互补，货币性薪酬低的公司更倾向于实施股权激励；另一种则认为高管获取的货币薪酬需要纳税，在货币薪酬较高的企业，公司出于避税的考虑，更倾向于对高管进行股权激励②。

（3）第一大股东持股比例（Top1）：大股东持股比例越高的公司，越方便对高管进行监管，通过实施股权激励来减轻代理冲突的可能性越小。

---

① Rosenbaum 和 Rubin（1985）认为在计算倾向得分值时使用形式更灵活的 Logit 模型。

② 吕长江，严明珠，郑慧莲，等．为什么上市公司选择股权激励计划？［J］．会计研究，2011（1）：68-75+96.

（4）现金持有量（Cash）：一般认为公司在缺乏现金时多选择股权激励来代替货币性薪酬激励。但在现金持有充足的企业，由于企业管理层会利用企业过多的自由现金来实现自身“帝国建造”的目的（Jensen，1986），股东为了在一定程度抑制高管的过度投资行为，也会对高管进行股权激励。

（5）生产能力（Sale）：生产能力越强的公司，发展潜力越大，公司的成长性越好，越可能实施股权激励。

（6）成长性（Tbq）：成长机会较多的上市公司，为了能够吸引人才，同时促使高管合理进行项目投资，更倾向于实施股权激励。

（7）两职合一（Dual）：董事长和总经理由一人兼任的公司，管理层权力较大，管理层为从公司的发展中获取更多的报酬，出于自利的目的设计实施股权激励的可能性较强。

（8）上市年限（Age）：上市时间较短的企业多处于成长期，对于成长期的企业，为留住人才、激励管理层，更倾向于实施股权激励计划。

（9）管理费用率（Mfee）：管理费用率较高的公司代理问题较为严重，为了降低委托代理成本，需要实施激励管理层的计划。

（10）资产负债率（Lev）：资产负债率较高的公司，面临的风险较大，高管出于风险规避的考虑，较易产生投资不足行为，企业为了激励高管，较可能实施股权激励计划。

（11）上期投资水平（L. Inv）：企业上期投资支出越多，现金持有量越少，为了吸引人才，同时促进经理人员付出更多的努力，企业较倾向于实施股权激励计划。

主要变量定义和说明见表 5-3。

表 5-3　主要变量定义和说明

变量名称	符号	变量说明
投资支出	Inv	企业购建固定资产、无形资产和其他长期资产所支付的现金/资产总额
过度投资	Overinv	方程（5-9）残差>0 的部分，为过度投资
投资不足	Underinv	方程（5-9）残差<0 的部分，为投资不足，其值为对应残差的绝对值
非效率投资	Ineff	方程（5-9）的回归残差绝对值，其值越大，表示非效率投资越高
股权激励	Incentive	虚拟变量，正在实施股权激励的为 1，否则为 0
成长性	Tbq	（流通股市值+非流动股账面价值+负债账面价值）/总资产账面价值

（续）

变量名称	符号	变量说明
现金持有量	Cash	期初货币资金存量/资产总额
资产负债率	Lev	年末负债总额/年末资产总额
上市年限	Age	企业上市年数
公司规模	Size	企业总资产的自然对数
投资回报率	Return	考虑现金红利的年个股回报率
公司业绩	Roa	总资产收益率等于净利润/平均资产
高管薪酬	Pay	公司高管前三名薪酬总额
第一大股东持股比例	Top1	第一大股东持股数量/总股本
生产能力	Sale	t-1 年主营业务收入/总资产
两职合一	Dual	虚拟变量，董事长和总经理由一人兼任时，取值为 1；否则取值为 0
管理费用率	Mfee	管理费用/主营业务收入
上期投资水平	L. Inv	上一年度新增投资支出
产权性质	State	虚拟变量，上市公司实际控制人为国有时，取值为 1；否则，取值为 0
年度虚拟变量	Year	企业属于某年份时，赋值为 1；否则赋值为 0。2007 年到 2014 年，共 8 个年度虚拟变量
行业虚拟变量	Industry	企业属于某个行业时，赋值为 1；否则赋值为 0。中国证监会 2012 年的分类标准共有 22 个行业，非制造业一位分类，制造业二位分类，剔除金融业、采掘业和教育业后，共设 18 个行业虚拟变量

5.3 研究结果分析

5.3.1 描述性统计与相关性分析

表 5-4 列示了衡量非效率投资所用 Richardson 模型中的变量基本统计量。

表 5-4 变量基本统计量

变量	均值	最小值	中位数	最大值	标准差	样本观测值
Inv	0.073	0.001	0.051	0.38	0.071	9 244

（续）

变量	均值	最小值	中位数	最大值	标准差	样本观测值
Tbq	1.779	0.191	1.381	7.712	1.425	9 244
Cash	0.172	0.001	0.134	0.929	0.133	9 244
Age	9.303	2	9	24	5.347	9 244
Size	21.908	19.178	21.713	28.481	1.243	9 244
Lev	0.463	0.055	0.474	0.86	0.202	9 244
Return	0.361	−0.744	0.079	3.843	0.9	9 244

从表5-4列示的结果可以看出：

（1）投资支出（Inv）的均值为0.073，企业的平均投资水平是年初总资产的7.1%，最大占公司年初总资产的38%，最小不足1%，说明各企业间投资水平具有很大差异。

（2）成长性（Tbq）的均值为1.779，中位数为1.381，最大值（7.712）与最小值（0.191）之间差异巨大，标准差为1.425，这表明不同企业间的成长性差距很大，为本章研究的可行性提供了支持。

（3）现金持有量（Cash）的均值、中位数分别为0.172、0.134，最大值为0.929，最小值为0.001，由此可看出现金持有水平在企业间存在明显的差异。

（4）上市年限（Age）均值为9.303，说明样本公司平均上市年限在9年左右，最短上市年限为2年，最长为24年，标准差为5.347，不同公司上市年限存在较大差异。

（5）公司规模（Size）最小值为19.178，最大值为28.481，标准差也较大，说明企业间规模也存在大幅差异。

（6）财务杠杆（Lev）均值为0.463，上市公司的平均资产负债率并不是很高，最大值和最小值的差距非常大，最小值只有0.055，而最大值为0.86，说明不同企业间负债水平存在较大差异。

（7）投资回报率（Return）均值为0.361，中位数为0.079，数据呈现严重右偏，最小值与最大值间变化幅度非常明显，最小值为负值，企业投资处于亏损状态，而最大值则高达3.843。

表5-5对用于计算非效率投资的各变量进行了相关性描述。从表5-5中可以看出，企业投资支出除与公司规模关系不显著外，与其他变量都在1%水平下显著相关，其中与投资机会、投资回报率、上期投资水平显著正相关，与财务杠杆、现金持有量和上市年限显著负相关。除投资支出与上期投资水平相

关系数为 0. 589 外，其余各变量间相关系数均在 0. 5 以下，低于共线性的一般门槛值 0. 7，同时方差膨胀因子均在 2 以下，平均 VIF（方差膨胀系数）值为 1. 46，说明不存在多重共线性对模型结果的影响。

表 5-5　非效率投资各变量相关系数

变量	Inv	Tbq	Lev	Cash	Age	Size	Return	L. Inv
Inv	1							
Tbq	0. 121***	1						
Lev	-0. 086***	-0. 494***	1					
Cash	-0. 094***	0. 272***	-0. 463***	1				
Age	-0. 203***	-0. 228***	0. 361***	-0. 264***	1			
Size	0. 002	-0. 418***	0. 485***	-0. 251***	0. 293***	1		
Return	0. 076***	0. 378***	0. 060***	-0. 078***	-0. 018*	-0. 072***	1	
L. Inv	0. 589***	0. 048***	-0. 032***	-0. 117***	-0. 224***	0. 064***	0. 004	1

根据表 5-6 中非效率投资的描述性统计可知：从观测值来看，9244 个公司-年度数据中，投资不足样本有 5785 个，占样本总体的 62. 58%，投资过度样本仅占 37. 42%。说明相较投资过度，我国上市公司普遍表现出投资不足问题。从非效率投资的均值来看，投资过度样本均值为 0. 049，投资不足样本均值为 0. 029，很明显投资过度的非效率均值更高，说明在样本公司中，投资过度现象更为严重。分年度来看，企业非效率投资均值总体上呈下降趋势，说明我国上市公司整体上投资效率有所改善。比较不同产权性质的非效率投资均值，民营企业样本均值（0. 038）略高于国有企业样本均值（0. 036），说明民营企业比国有企业的非效率投资现象更普遍，可以得出国有企业比民营企业投资异化行为更严重的结论。同理可得，保护性行业的非效率投资问题超过竞争性行业，但从标准差来看，竞争性行业样本的标准差远远大于保护性行业，而该样本中最大值（0. 358）与最小值（0）的差异也印证了这一点。因此，虽然在平均意义上保护性行业企业的非效率投资行为更严重，但在个别竞争性行业样本中非效率投资的严重程度更值得关注。

表 5-6　非效率投资的描述性统计

结果	均值	标准差	最小值	中位数	最大值	样本值
全样本	0. 037	0. 042	0	0. 025	0. 358	9244
投资过度	0. 049	0. 058	0	0. 028	0. 358	3459
投资不足	0. 029	0. 025	0	0. 024	0. 226	5785

（续）

结果	均值	标准差	最小值	中位数	最大值	样本值
			分年度			
2007 年	0.047	0.052	0	0.032	0.332	736
2008 年	0.044	0.044	0	0.032	0.344	812
2009 年	0.038	0.046	0	0.024	0.357	914
2010 年	0.04	0.045	0	0.029	0.358	967
2011 年	0.041	0.045	0	0.029	0.323	1077
2012 年	0.035	0.04	0	0.023	0.346	1372
2013 年	0.03	0.033	0	0.022	0.281	1646
2014 年	0.03	0.036	0	0.02	0.322	1720
			分产权性质			
国有企业	0.036	0.042	0	0.024	0.357	5172
民营企业	0.038	0.042	0	0.026	0.358	4072
	$t=-2.8346^{***}$，$z=-4.765^{***}$					
			分行业特征			
竞争性行业	0.036	0.041	0	0.024	0.358	8003
保护性行业	0.042	0.048	0	0.03	0.322	1241
	$t=-5.066^{***}$，$z=-5.352^{***}$					

为获取样本公司的倾向得分值，并在此基础上为已公告实施股权激励的公司寻找配对样本，需要对方程（5-10）进行逻辑回归。在进行回归前，首先对各回归变量进行描述性分析，知晓各匹配变量的数据特点，各变量描述性统计结果见表 5-7。从表 5-7 提供的数据可看出：股权激励（Incentive）的平均值为 0.144，最小值为 0，最大值为 1，表明我国上市公司股权激励实施尚不普遍；公司业绩（Roa）均值为 0.045，最小值为-0.097，最大值为 0.221，不同企业间企业业绩有较大波动；高管薪酬（Pay）的标准差高达 145.617，说明高管之间薪酬差异巨大；第一大股东持股比例（Top1）均值为 36.49%，25 分位值在 20%以上，说明我国上市公司股权集中度较高；生产能力（Sale）的最大值（2.489）与最小值（0.067）之间也存在大幅差异；两职兼任（Dual）的均值为 0.18；管理费用率（Mfee）的均值为 0.087，最小值和最大值分别为 0.008、0.384，两者之间差距很大，其他变量的描述性统计见表 5-7。

表 5-7　其他变量的描述性统计

变量	均值	标准差	最小值	P25	P50	P75	最大值	样本值
Incentive	0.144	0.351	0	0	0	0	1	9244
Roa	0.045	0.05	-0.097	0.015	0.038	0.068	0.221	9244
Pay	158.784	145.617	0	78	122.87	191.488	2853.98	9244
Top1	36.494	15.176	4.489	24.089	35.301	47.686	86.347	9244
Cash	0.172	0.133	0.001	0.079	0.134	0.227	0.929	9244
Sale	0.619	0.446	0.067	0.324	0.506	0.766	2.489	9244
Tbq	1.779	1.425	0.191	0.784	1.381	2.279	7.712	9244
Dual	0.18	0.384	0	0	0	0	1	9244
Age	9.303	5.347	2	4	9	14	24	9244
Mfee	0.087	0.065	0.008	0.043	0.072	0.108	0.384	9244
Lev	0.463	0.202	0.055	0.308	0.474	0.622	0.86	9244
L. inv	0.079	0.076	0.001	0.026	0.057	0.108	0.392	9244

表 5-8 列示了对模型（5-10）的逻辑回归结果。公司业绩（Roa）的系数为 4.128（$p<0.01$），说明公司绩效越好的公司，实施股权激励的可能性越大。高管薪酬（Pay）系数为 0.00276，在 1%水平显著，说明高管获得的货币薪酬越高，越有可能实施股权激励。第一大股东持股比例（Top1）系数为 -0.0197（$p<0.01$），大股东控制越强，企业实施股权激励的可能性越小。现金持有量（Cash）系数为 0.777，与股权激励的实施在 1%水平显著正相关。成长性（Tbq）系数为 0.0683（$p<0.01$），说明投资机会越多的公司实施股权激励的可能性越低。两职合一（Dual）与上市年限（Age）均在 1%水平与股权激励的实施显著负相关。管理费用率（Mfee）系数为 0.294（$p<0.1$），管理费用率越高的公司，代理成本相对越高，上市公司更加可能采取一定的激励措施来解决代理问题。生产能力（Sale）、财务杠杆（Lev）和上期投资水平（L. inv）的回归系数在统计上并不显著异于 0，说明这三个变量不是样本公司实施股权激励着重考虑的因素。本章在逻辑回归的基础上，进一步计算每一个样本公司的倾向得分，并按照一定的匹配方法为每一个实施股权激励的样本公司选择一个在当年度内倾向得分最接近的公司，进而估计样本的平均激励效果（具体过程见实证结果部分）。

表 5-8　股权激励影响因素：逻辑回归

变量	系数	t 值
Roa	4.128***	6.27
Pay	0.00276***	13.31
Top1	-0.0197***	-8.81
Cash	0.777***	2.99
Sale	-0.0929	-1.29

（续）

变量	系数	t 值
Tbq	0.0683***	3.12
Dual	−0.607***	−8.42
Age	−0.136***	−17.25
Mfee	0.294*	1.65
Lev	0.231	1.06
L. inv	0.486	1.15
截距项	−0.027 0	−0.13
Pseudo R2	0.141 7	
chi2	1 081	
N	9 244	

注：被解释变量是股权激励虚拟变量（Incentive），*、**和***分别表示在 10%、5%和 1%上的显著性水平。

在倾向得分分析中，平衡性假设和共同支撑假设是两个重要的前提条件，在匹配过程中，需要对平衡性假设和共同支撑假设进行检验，以判断匹配的有效性，这里以核匹配法为例来说明本章的匹配效果。表 5-9 对配对前后激励组和控制组各匹配变量的偏差进行统计，也就是对平衡性假设进行检验的结果。从中可以看出，在配对前，所选择的所有控制变量都存在显著差异。经过匹配，这些控制变量间的差异明显降低，其中财务杠杆（Lev）偏差减少幅度最大，高达 99.2%。在匹配完成后，所选控制变量在激励组和控制组间的差异不再显著，说明匹配效果很好，基本满足倾向得分匹配的平衡性假设条件。

图 5-1 是对倾向得分匹配共同支撑假设的检验，图 5-1 中的两张图分别呈现了匹配前和匹配后激励组与控制组的倾向得分值（PS 值）密度函数。可以看出，在匹配前激励组和控制组的 PS 值密度函数在形态上存在较明显的差异，这可能是控制组（未实施股权激励的公司组）包含了不适宜的样本资料。显然，如果忽略这种差异的存在，很可能得到有偏的统计推断结果。相比之下，经过匹配后，两组样本 PS 值的密度函数分布图已经非常接近，说明二者在各方面特征已非常接近，具有较好的匹配效果。通过计算 ROC 曲线下 AUC 的面积①，如图 5-2 所示，也可以判断出两组样本匹配效果较好。采用最近邻匹配与半径匹配得到的结果与此相似，在此不再赘述。

① ROC 曲线下 AUC 的面积越接近 0.5 越好，ROC 曲线下 AUC 的面积为 0.5487。

表 5-9 配对前后主要控制变量的比较结果

变量名称	样本	激励组	控制组	偏差/%	减少偏差/%	t 值
Roa	匹配前	0.065	0.042	40.9		13.98***
	匹配后	0.065	0.063	2.5	94	0.53
Pay	匹配前	211.5	149.89	34.3		14.45***
	匹配后	211.5	204.32	4	88.4	0.89
Top1	匹配前	33.735	36.959	-21.7		-7.2***
	匹配后	33.735	33.098	4.3	80.2	1.15
Cash	匹配前	0.22	0.164	39.8		14.2***
	匹配后	0.22	0.228	-5.8	85.3	-1.34
Sale	匹配前	0.572	0.643	-14.7		-4.38***
	匹配后	0.572	0.579	-1.5	90.1	-0.42
Tbq	匹配前	2.358	1.708	39		14.23***
	匹配后	2.358	2.293	3.9	90	0.87
Dual	匹配前	1.668	1.846	-42.3		-15.82***
	匹配后	1.668	1.652	3.7	91.1	0.86
Age	匹配前	6.281	9.812	-70.5		-22.94***
	匹配后	6.281	6.313	-0.6	99.1	-0.18
TAT	匹配前	0.108	0.088	16.2		4.66***
	匹配后	0.108	0.112	-3.7	77	-0.56
Lev	匹配前	0.395	0.474	-39.9		-13.36***
	匹配后	0.395	0.395	-0.3	99.2	-0.08
L.inv	匹配前	0.09	0.077	16.9		5.78***
	匹配后	0.09	0.09	0.7	96	0.17

注：表中显示的是核匹配的结果，其他匹配结果类似。*、**和***分别表示在10%、5%和1%上的显著性水平。

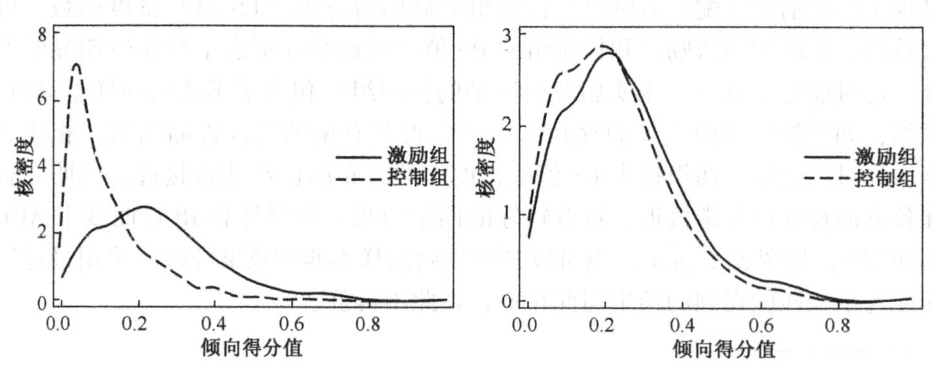

图 5-1 倾向得分匹配共同支撑假设

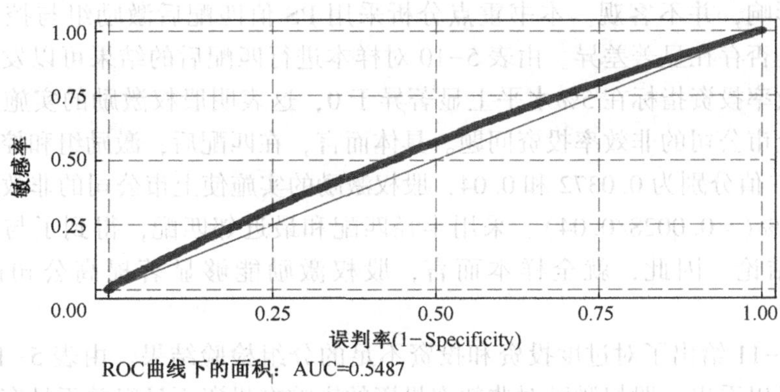

图 5-2　ROC 曲线下 AUC 的面积

5.3.2　实证分析

1. 股权激励实施与否对投资效率的影响分析

本章综合使用核匹配、半径匹配和最近邻匹配三种匹配方法来检验股权激励实施对非效率投资的作用效果，即通过估计样本总体的平均激励效果（ATT）来反映，表5-10 给出了相应的计算结果。这里以核匹配为例，详细说明 ATT 的检验结果。

表 5-10　股权激励对非效率投资的影响

变量（Ineff）	样本	激励组	控制组	ATT	标准差	t 值
核匹配	配对前	0.0372	0.0365	0.0007	0.0012	0.53
	配对后	0.0372	0.04	−0.0029	0.0013	−2.2**
半径匹配	配对前	0.0372	0.0365	0.0007	0.0012	0.53
	配对后	0.037	0.0405	−0.0035	0.0013	−2.65***
最近邻匹配	配对前	0.0372	0.0365	0.0007	0.0012	0.53
	配对后	0.0372	0.0399	−0.0028	0.0014	−1.93*

注：最近邻匹配为 1∶5，半径匹配的匹配半径为 0.005，Ineff 为非效率投资。*、** 和 *** 分别表示在 10%、5%和 1%上的显著性水平。

可以看出，在匹配前，两组上市公司非效率投资并没有显著差异，也即是说实施股权激励与否对企业投资效率影响不大，但此结论可能受到了样本选择偏误的影响，并不客观。本书重点分析采用 PS 值匹配后激励组与控制组的 ATT 值是否存在显著差异。由表 5-10 对样本进行匹配后的结果可以发现，企业的非效率投资指标在 5%水平上显著异于 0，这表明股权激励的实施能够有效改善上市公司的非效率投资问题。具体而言，在匹配后，激励组和控制组的平均 Ineff 值分别为 0.0372 和 0.04，股权激励的实施使上市公司的非效率投资降低了 7%（=0.0028/0.04）。采用半径匹配和最近邻匹配，得到了与核匹配一致的结论。因此，就全样本而言，股权激励能够显著提高公司的投资效率。

表 5-11 给出了对过度投资和投资不足的分组检验结果。由表 5-11 提供的结果可以看出，股权激励对非效率投资的影响在投资不足组并不具有统计上的显著性，但在系数方向上是负值，说明股权激励对投资不足有一定的抑制作用，但这种效果并不明显。而在过度投资组中，核匹配、半径匹配以及最近邻匹配的结果都显示平均处理效应 ATT 的结果显著为负，说明与未实施股权激励相比，股权激励的实施对企业过度投资有很好的制约作用。因此本书认为，股权激励计划的实施抑制了企业的非效率投资行为，这种抑制作用主要是通过降低过度投资来实现的。

表 5-11 过度投资和投资不足组股权激励对非效率投资的影响

变量（Ineff）	全样本		投资不足组		过度投资组	
	ATT	t 值	ATT	t 值	ATT	t 值
核匹配	-0.0029	-2.2**	-0.0006	-0.55	-0.0061	-2.16**
半径匹配	-0.0035	-2.65***	-0.0008	-0.71	-0.0065	-2.2**
最近邻匹配	-0.0028	-1.93*	-0.0003	-0.3	-0.0062	-1.96**

注：最近邻匹配为 1∶5，半径匹配的匹配半径为 0.005，Ineff 为非效率投资。*、** 和 *** 分别表示在 10%、5%和 1%上的显著性水平。

2. 股权激励方式对投资效率的影响分析

针对假设 2 的检验结果呈现于表 5-12 中。对比表 5-12 中的结果可以看出，不同的激励方式对非效率投资的影响具有显著差别，这主要表现在期权激励和股票激励对应的 ATT 值的差异上。由表 5-12 中 A 栏呈现的全样本结果发现，在三种匹配方式中，非效率投资的平均激励效果（ATT）在期权激励方式下显著为负，说明期权激励能够抑制企业的非效率投资水平。相较而言，股票激励并未显著降低非效率投资。在国有企业和民营企业中分别对期权激励和股票激励的效果进行检验，得出与全样本高度一致的结论。据此，可以认为不同激励方式的效果存在较大差异，与股票激励相比，期权激励对非效率投资的影响更加有效。

上述结果与此前的理论分析是一致的。从理论上讲，股权激励相当于事先承诺了经理人的股票所有权，而期权激励则必须在公司股价明显高于合约中设定的执行价时才可能被执行，进而发生所有权的转移。因此，相对于股票激励，期权激励能够更好地将经理人的努力程度与激励联系起来。

表 5-12 不同激励方式对非效率投资的影响

变量（Ineff）	A. 全样本		B. 国有企业		C. 民营企业	
	期权激励	股票激励	期权激励	股票激励	期权激励	股票激励
核匹配	-0.0035**	-0.0009	-0.0052*	-0.0011	-0.004**	-0.0006
	(-2.36)	(-0.46)	(-1.9)	(-0.26)	(-2.24)	(-0.27)
半径匹配	-0.0039**	-0.002	-0.0048*	-0.0036	-0.0044**	-0.0011
	(-2.53)	(-1.06)	(-1.83)	(-0.83)	(-2.35)	(-0.49)
最近邻匹配	-0.0037**	-0.0005	-0.0034	-0.0047	-0.0057***	-0.0017
	(-2.22)	(-0.22)	(-1.14)	(-0.97)	(-2.73)	(-0.74)

注：最近邻匹配为 1∶5，半径匹配的匹配半径为 0.005，Ineff 为非效率投资。*、** 和 *** 分别表示在 10%、5%和 1%上的显著性水平。

3. *股权激励期限和股权激励水平对投资效率的影响分析*

为了检验股权激励期限、股权激励水平对投资效率的影响，本书仅保留公告实施股权激励的公司作为研究样本，并采用如式（5-11）模型进行回归分析，具体回归结果见表 5-13。

$$\text{Ineff} = \alpha_0 + \alpha_1 \text{Validity}(\text{Jlsp}) + \alpha_2 \text{ConVariables} + \sum \text{Year} + \sum \text{Ind} + \varepsilon \tag{5-11}$$

其中，被解释变量（Ineff）为非效率投资水平；解释变量 Validity 为股权激励期限，用股权激励有效期衡量；Jlsp 为股权激励水平，具体采用两个指标来衡量：第一，用上市公司股权激励股票总数占总股本的比例（Jlrate）来衡量，第二，采用 Core 和 Guay① 的方法，利用股权与期权占高管总薪酬的比重（Eso）来衡量，计算公式见式（5-12）：

$$\text{Eso} = \frac{0.01 \times \text{Price} \times (\text{Share}+\text{Option})}{0.01 \times \text{Price} \times (\text{Share}+\text{Option}) + \text{Cashpay}} \tag{5-12}$$

① CORE J, GUAY W. Estimating the value of employee stock option portfolios and their sensitivities to price and volatility [J]. Journal of accounting research, 2002, 40 (3): 613-630.

其中，Price 是指公司当年末股票的收盘价，“Share+Option”是指高管年末持有的股票和期权数量之和，Cashpay 是指高管人员当年的货币薪酬总额。

控制变量与前文 PSM 匹配变量保持一致，具体包括公司业绩（Roa）、第一大股东持股比例（Top1）、现金持有量（Cash）、生产能力（Sale）、成长性（Tbq）、两职合一（Dual）、上市年限（Age）、管理费用率（Mfee）、财务杠杆（Lev）、上期投资水平（L. inv）。各变量具体定义见本章 5. 2 节表 5-3。

表 5-13 是股权激励期限、股权激励水平对投资效率影响的实证结果。由表 5-13 列（1）、列（4）和列（5）提供的数据，可以看出股权激励期限与企业非效率投资在 5%水平上显著负相关，与前文假设 4 一致，说明股权激励契约有效期越长，其激励效果越好，这与吕长江等（2009）的发现是一致的。同理，根据表 5-13 列（2）、列（3）、列（4）和列（5）呈现的结果，得出股权激励水平与其他非效率投资没有显著相关关系，说明样本公司股权激励的实施效果并没有随着股权激励水平的提高而增强，这可能与我国企业股权激励水平较低有关。

表 5-13 股权激励期限和股权激励水平与非效率投资

变量（Ineff）	(1)	(2)	(3)	(4)	(5)
Validity	-0. 0019**			-0. 0019**	-0. 0020**
	(-2. 20)			(-2. 19)	(-2. 25)
Jlrate		0. 0004		0. 0004	
		(0. 69)		(0. 72)	
Eso			-0. 0015		-0. 0024
			(-0. 46)		(-0. 76)
Roa	0. 0539**	0. 0575**	0. 0584**	0. 0538**	0. 0547**
	(2. 33)	(2. 47)	(2. 51)	(2. 32)	(2. 36)
Top1	-0. 0000	-0. 0000	-0. 0000	-0. 0000	-0. 0000
	(-0. 27)	(-0. 17)	(-0. 38)	(-0. 19)	(-0. 45)
Cash	0. 0062	0. 0062	0. 0061	0. 0063	0. 0065
	(0. 68)	(0. 67)	(0. 67)	(0. 70)	(0. 72)
Sale	-0. 0068**	-0. 0081**	-0. 0082**	-0. 0070**	-0. 0072**
	(-2. 15)	(-2. 55)	(-2. 55)	(-2. 18)	(-2. 24)
Tbq	0. 0015*	0. 0013*	0. 0014*	0. 0015*	0. 0016*
	(1. 88)	(1. 67)	(1. 68)	(1. 90)	(1. 94)

（续）

变量（Ineff）	(1)	(2)	(3)	(4)	(5)
Dual	0.0010 (0.47)	0.0012 (0.54)	0.0015 (0.65)	0.0009 (0.38)	0.0011 (0.51)
Age	-0.0007** (-2.53)	-0.0007** (-2.57)	-0.0007*** (-2.59)	-0.0006** (-2.49)	-0.0007*** (-2.63)
TAT	-0.0070 (-0.43)	-0.0065 (-0.40)	-0.0053 (-0.33)	-0.0084 (-0.52)	-0.0076 (-0.47)
Lev	0.0166** (2.02)	0.0174** (2.10)	0.0175** (2.12)	0.0162** (1.96)	0.0165** (2.01)
L. inv	0.1838*** (13.04)	0.1824*** (12.82)	0.1826*** (12.89)	0.1836*** (12.99)	0.1841*** (13.05)
年度	控制	控制	控制	控制	控制
行业	控制	控制	控制	控制	控制
截距项	0.0150 (1.16)	0.0041 (0.32)	0.0061 (0.49)	0.0138 (1.05)	0.0164 (1.25)
F	9.9771	9.6017	9.6696	9.6511	9.6890
Adj-R2	0.1788	0.1720	0.1723	0.1784	0.1786
N	1334	1334	1334	1334	1334

注：回归模型的被解释变量为企业非效率投资水平（Ineff）；列（1）是非效率投资与股权激励期限的回归结果，列（2）是非效率投资与股权激励水平（Jlrate）的回归结果，列（3）是非效率投资与股权激励水平（Eso）的回归结果，列（4）、列（5）分别是在列（2）、列（3）的基础上加入股权激励期限的回归结果；表中数据为各变量回归系数，括号内为对应 t 值；***、**、*分别表示在1%、5%、10%水平上显著。

5.3.3 进一步分析

虽然前文证实了股权激励对企业非效率投资起着显著的抑制作用，但是股权激励对企业投资效率的这种治理效果是否受公司特征异质性的影响，也就是说，在不同特征的公司中股权激励对企业投资效率的影响是否存在差异，是一个不容忽视的问题。本书主要从企业产权性质、股权集中度和行业特征三个方面来进行理论分析和实证检验。

1. 企业产权性质

在我国经济转型期，国有企业和民营企业共同存在于市场经济体中，为经济的发展做出贡献。但由于二者在所有者、薪酬管制、公司治理等方面存在很大差异，股权激励的治理效果在国有企业和民营企业中可能呈现显著区别。

俞鸿琳（2006）提出，为了更好地激发股权激励的实施效果，离不开以下几方面的因素：①存在活跃的职业经理人市场；②经理人所追求的激励目标主要是经济激励；③完善的公司治理机制。比较国有企业和民营企业的实际情况可以发现，国有企业在多数情况下难以满足上述条件。首先，国有企业不具有活跃的经理人市场，企业董事长、总经理由政府行政任命，政府对上市公司经理人市场的控制也会对高管激励机制的治理效应造成影响。其次，国有企业的高管既是企业的经营者，又具有行政级别，国有企业经理人所追求的更多是政治上的升迁，而非经济目标的实现，以增加经济利益为目的的激励机制不能发挥出预期的效果。最后，在国有上市公司中，国有股"一股独大"，内部人控制问题严重，相比股权和工资性收入，各种福利待遇和灰色收入所占比例更大。基于国有企业制度和法律环境的特点，在当前背景下，股权激励机制的作用效果可能不明显。

与国有企业不同的是，在民营企业中，公司高管通过经理人市场遴选而出，更具有职业经理人的特点。与国有企业相比，企业高管的职位由其能力决定，主要收入来源于所创造的企业价值。因此，对于民营企业高管而言，追求的是更多的经济利益，也就是经济目标的实现。并且，在民营上市公司中，控制权掌握在企业所有权人（创始人）手中，他们能够控制企业的投资行为，且伴随着大股东控制权的增加，对管理人员的监督和约束更多，使高管在职消费的便利性不再，但同时也增加了股东的监督成本。公司大股东为了降低委托代理成本，愿意对管理者实施更多的股权激励，因而，相较国有企业，股权激励在民营企业中的激励效应可能更强。

2. 股权集中度

经济转型期，我国上市公司呈现出股权高度集中（尤其是国有股"一股独大"）的特点，一些学者研究发现在股权集中度较高的公司中，由于大股东控制的存在，股权激励的治理效果会受到消极的影响。首先，正如 Mehran (1995)① 的研究发现，在股权集中度较高的上市公司，大股东有较强动机和便利性对高管进行监督，大股东的这种治理作用能够替代股权激励所发挥的作用。这是因为在股权高度集中的上市公司，大股东付出较少的成本就能够对经理人实施直接的监督，从而弱化了以股权激励为基础的薪酬契约。其次，Van den Steen (2006) 指出在委托代理关系中如果同时存在代理人的激励问题和集体决策的协调问题，代理人的激励与委托人的决策控制之间就可能出现冲突，从而

① Mehran 的经验研究发现，在外部股东持有大量股份的公司，较少使用股票期权来激励经理人。

影响激励的效果。而与股权分散的上市公司相比，在股权相对集中或高度集中的情况下，企业控制人（或股东）的市场化取向与管理者的市场定位存在严重差异，这将对股权激励的效果产生消极影响 。最后，李增泉等（2005）、邓建平等（2007）认为股权的过度集中易造成大股东的“隧道挖掘”行为，使经理人的努力不能通过公司的业绩和股价反映出来，从而减弱了股权激励的影响。

3. 行业特征

我国受市场化改革推进方式的影响，企业间具有明显的行业差异①。企业投资行为受资本结构、治理结构以及行业政策等多种因素的影响，不同的行业在这些方面具有很大差异，因此，不同行业的投资支出水平呈现大幅差别。因此，企业所处行业环境的不同是否会影响股权激励对投资效率的作用，还有待实证检验。

一般认为保护性行业的激励机制同竞争性行业是存在差异的。保护性行业由于受价格管制和进入管制的影响，行业内的公司面临着更为稳定的环境，高管付出较少的努力就能获得高额利润，这难免会削弱管理层能力对企业绩效的边际作用。同时，管理者薪酬水平也会受到政府的管制（Joskow 等，1996），这些都会降低薪酬—业绩敏感性。由于保护性行业的高管薪酬更可能与企业业绩相脱离，股权激励对该行业高管薪酬—业绩敏感性的影响明显较弱。

处于竞争行业中的上市公司面临着市场环境巨大的竞争压力，为了避免企业破产清算、提高上市公司绩效、占有更多的市场份额，同等的股权激励更能激发高管的工作积极性。同时，股东可以从竞争性的市场环境中获取更多有关高管努力程度的信息，缓解高管和股东之间的信息不对称，且便于为高管制定出更合理的激励约束机制。另外，相较垄断程度较高的行业，在竞争的市场环境中可通过将企业利润率与其所在行业的平均水平进行比较，客观准确地评判企业经理人的努力程度，从而将管理层能力、投资行为与企业经营业绩绑定在一起，尽可能避免高管人员通过行使权力谋取个人利益的行为。因此，有效的市场竞争环境，是保障股权激励有效性发挥的重要制度之一。贾生华和陈文强（2015）也认为股权激励的边际作用与行业竞争程度成正比，完善产品市场竞争是提高股权激励效果的关键。因此，在保护性行业中，股权激励对投资效率的积极效应可能更弱。

为了进一步检验企业控制权类型、股权集中度和行业属性对股权激励实施与非效率投资关系的影响，本章分别把样本分为“国有企业组”和“民营企业组”，“股权集中组”和“股权分散组”，“保护性行业组”和“竞争性行业

① 连玉君．中国上市公司投资效率研究［M］．北京：经济管理出版社，2009.

组”，进而分组讨论股权激励实施对非效率投资的影响。表 5-14 是各组中股权激励对企业投资效率的影响的检验结果。

表 5-14 不同企业特征下股权激励对投资效率的影响

Panel A 不同产权性质的企业中股权激励与投资效率

变量（Ineff）	A. 全样本		B. 国有企业组		C. 民营企业组	
	ATT	t 值	ATT	t 值	ATT	t 值
核匹配	-0.0029	-2.2**	-0.004	-1.62	-0.003	-1.91*
半径匹配	-0.0035	-2.65***	-0.0034	-1.33	-0.0036	-2.21**
最近邻匹配	-0.0028	-1.93*	-0.0034	-1.25	-0.0033	-1.85*

Panel B 不同股权结构的企业中股权激励与投资效率

变量（Ineff）	全样本		股权分散组		股权集中组	
	ATT	t 值	ATT	t 值	ATT	t 值
核匹配	-0.0029	-2.2**	-0.0033	-1.6	-0.0023	-0.9
半径匹配	-0.0035	-2.65***	-0.0038	-1.83*	-0.0024	-0.85
最近邻匹配	-0.0028	-1.93*	-0.0043	-1.85*	-0.0036	-1.29

Panel C 不同行业属性的企业中股权激励与投资效率

变量（Ineff）	全样本		保护性行业组		竞争性行业组	
	ATT	t 值	ATT	t 值	ATT	t 值
核匹配	-0.0029	-2.2**	0.0026	0.33	-0.0029	-2.15**
半径匹配	-0.0035	-2.65***	-0.0003	-0.04	-0.0034	-2.5**
最近邻匹配	-0.0028	-1.93*	0.0027	0.34	-0.0035	-2.36**

注：最近邻匹配为 1：5，半径匹配的匹配半径为 0.005，Ineff 为非效率投资。*、** 和 *** 分别表示在 10%、5%和 1%上的显著性水平。

表 5-14 Panel A 中 B 栏和 C 栏分别呈现了针对国有企业组和民营企业组的检验结果，整体上与本书的预期相符。以核匹配结果为例，在完成匹配后，国有企业和民营企业的股权激励效果呈现出明显的差异。这表现在，在国有企业组中，激励组和控制组的非效率投资并未表现出显著差异；而在民营企业组中，激励组和控制组的 Ineff 差异（ATT）则在 10%水平上显著小于零。据此，本书认为，表 5-14 中针对全样本中发现的股权激励提升效果主要归因于民营企业的激励效果，这也在一定程度上表明民营公司中股权激励对投资效率的影响是显著的。另外，在表 5-14 中还进一步采用半径匹配和最近邻匹配对假设进行了稳健性检验。对比各栏中不通过匹配方法下的检验结果可以发现，采用

半径匹配和最近邻匹配得到的结果与采用核匹配的结果相一致，不再赘述。

Panel B 中为了检验股权集中度对股权激励效果的影响，本书以第一大股东持股比例为依据把样本分为“股权分散组”和“股权集中组”两个子样本组。首先按照第一大股东持股比例三分位数把样本三等分，取其小于 1/3 分位的数据为股权分散，大于 2/3 分位的数据为股权集中，进而分别进行匹配分析。在“股权集中组”样本组中，核匹配、半径匹配以及最近邻匹配三种方法的平均激励效果（ATT）都不显著；而在“股权分散组”样本组中，Ineff 的 ATT 除了核匹配外，在其他两种匹配方法下都在 10%水平上显著小于零。因此，与本书假设的理论预期相符，这说明股权激励对投资效率的影响受到股权集中度的影响，股权越分散的公司，股权激励对非效率投资的抑制效果越好。

Panel C 中为了检验行业特征对股权激励效果的影响，借鉴 Aharony 等①与辛清泉和谭伟强②的研究，按照行业性质将全部上市公司分为竞争性行业和保护性行业，进而进行 PSM 分析。其中，保护性行业包括石油化工、能源和原材料③，保护性行业以外的均为竞争性行业。由表 5-14 中 Panel C 提供的结果可以看出，在“保护性行业组”样本中，核匹配、半径匹配以及最近邻匹配三种方法下激励组和控制组的非效率投资没有显著差异，而在“竞争性行业组”样本中，Ineff 的 ATT 值均在 5%水平上显著为负。也即是说，股权激励对投资效率的影响受到行业特征的影响，股权激励在竞争性的市场环境中具有更显著的激励效果。

5.3.4 稳健性检验

在 5.3.2 小节中重点考察了股权激励对非效率投资（过度投资、投资不足）的影响。本章的基本结论表明：股权激励与非效率投资显著负相关，而且不同的股权激励方式对企业非效率投资的影响存在差异，与限制性股票相比，股票期权对非效率投资的抑制作用更好；股权激励有效期越长，对非效率投资的作用效果越好，但经验证据显示企业非效率投资并未随着股权激励水平的提高而显著改善。为检验本章结论的可靠性，本章主要进行如下稳健性检验。

---

① AHARONY J, LEE C W J, WONG T J. Financial packaging of IPO firms in China [J]. Journal of accounting research, 2000, 38 (1): 103-126.

② 辛清泉，谭伟强．市场化改革、企业业绩与国有企业经理薪酬［J］．经济研究，2009（11）：68-81.

③ 根据证监会二级分类标准确定如下行业为保护性行业：采掘业；石油加工及炼焦业；黑色金属冶炼及压延加工业；有色金属冶炼及压延加工业；电力、煤气及水的生产和供应业。

1. 替换结果变量非效率投资

借鉴罗付岩和沈中华（2013）的研究，依据 Richardson（2006）投资模型计算出的残差值，把大于非负残差 1/4 的部分作为过度投资，小于非正残差 3/4 的部分作为投资不足，其他认为是正常投资。取过度投资和投资不足部分作为非效率投资的样本，其值等于对应残差的绝对值。把新的结果变量放入模型对假设重新进行估计，主要实证结果没有发生实质改变，见表 5-15 和表 5-16。

表 5-15　股权激励与非效率投资：替换变量非效率投资水平

变量（Ineff）	ATT	全样本	过度投资	投资不足	期权激励	股票激励
核匹配	配对前	-0.001 (-0.49)	-0.005 (-1.45)	0.0019 (1.29)	-0.0024 (-0.93)	0.0009 (0.31)
	配对后	-0.0042 ** (-2.01)	-0.0077 (-2.13 **)	-0.0005 (-0.27)	-0.0049 ** (-2.08)	-0.0017 (-0.6)
半径匹配	配对前	-0.001 (-0.49)	-0.005 (-1.45)	0.0019 (1.29)	-0.0024 (-0.93)	0.0019 (0.31)
	配对后	-0.0051 ** (-2.44)	-0.0087 ** (-2.3)	-0.001 (-0.55)	-0.0061 ** (-2.61)	-0.0018 (-0.61)
最近邻匹配	配对前	-0.001 (-0.49)	-0.005 (-1.45)	0.0019 (1.29)	-0.0024 (-0.93)	0.0009 (0.31)
	配对后	-0.0041 * (-1.77)	-0.0067 * (-1.67)	0.0009 (0.48)	-0.0086 *** (-3.21)	-0.001 (-0.33)

注：最近邻匹配为 1∶5，半径匹配的匹配半径为 0.005；Ineff 为非效率投资；括号内为对应 t 值；*、** 和 *** 分别表示在 10%、5%和 1%上的显著性水平。

表 5-16　激励期限、激励水平与非效率投资：替换变量非效率投资水平

变量	激励期限	激励水平	激励强度
Validity	-0.0032 ** (-2.11)		
Jlrate		0.0001 (0.15)	
Eso			-0.0010 (-0.38)
Roa	0.0725 ** (1.97)	0.0622 * (1.86)	0.0303 ** (2.15)

（续）

变量	激励期限	激励水平	激励强度
Top1	-0.0000 (-0.03)	-0.0001 (-0.42)	0.0001 (1.15)
Cash	0.0279* (1.87)	0.0305** (2.10)	-0.0133** (-2.10)
Sale	-0.0136** (-2.48)	-0.0127** (-2.46)	-0.0098*** (-6.28)
Tbq	0.0018 (1.39)	0.0018 (1.48)	0.0009 (1.60)
Dual	-0.0004 (-0.11)	0.0011 (0.31)	0.0030* (1.66)
Age	-0.0005 (-1.00)	-0.0004 (-0.85)	-0.0005*** (-3.04)
TAT	0.0047 (0.17)	0.0130 (0.50)	-0.0035 (-0.30)
Lev	0.0393*** (2.94)	0.0428*** (3.32)	0.0082* (1.73)
L. inv	0.1298*** (6.51)	0.1296*** (6.64)	0.1226*** (14.85)
年度	控制	控制	控制
行业	控制	控制	控制
截距项	0.0362* (1.71)	0.0232 (1.52)	0.0522*** (7.31)
F	2.9472	4.4171	13.2733
Adj-R2	0.0827	0.0814	0.0828
N	692.0000	695.0000	4.6e+03

注：回归模型的被解释变量为企业非效率投资水平（Ineff）；表中数据为各变量回归系数，括号内为对应 t 值；***、**、*分别表示在1%、5%、10%水平上显著。

2. 替换实证分析方法

对原有样本按照OLS方法进行回归，检验结果见表5-17。由表5-17提供的数据可以发现，股权激励Incentive系数在全样本组和过度投资样本组中显著为负，在投资不足中并不显著，说明企业中股权激励的实施能够显著抑制企业的非效率投资，但这种作用效果主要是通过对过度投资的制约来实现的，与前文结论一致，说明本章的结论并不因研究方法的改变而发生变化，结论是稳健可接受的。

表 5-17 股权激励与非效率投资：替换实证分析方法

变量	全样本	过度投资	投资不足	期权激励	股票激励
Incentive	-0.0033*** (-2.68)	-0.0072** (-2.52)	-0.0013 (-1.62)		
Jltype				-0.0039** (-2.56)	-0.0015 (-0.85)
Roa	0.0130 (1.55)	0.0477** (2.25)	-0.0385*** (-7.10)	0.0106 (1.27)	0.0095 (1.13)
Top1	0.0000 (0.55)	0.0001 (1.46)	-0.0000 (-0.69)	0.0000 (0.50)	0.0000 (0.59)
Cash	-0.0220*** (-6.00)	-0.0373*** (-4.32)	-0.0203*** (-8.32)	-0.0218*** (-5.93)	-0.0220*** (-5.97)
Sale	-0.0054*** (-6.57)	-0.0111*** (-6.04)	-0.0010* (-1.83)	-0.0055*** (-6.69)	-0.0056*** (-6.72)
Tbq	0.0021*** (6.40)	0.0035*** (4.15)	0.0019*** (9.19)	0.0021*** (6.51)	0.0021*** (6.47)
Dual	0.0005 (0.46)	0.0034 (1.31)	-0.0017** (-2.39)	0.0004 (0.40)	0.0003 (0.25)
Age	-0.0006*** (-6.81)	-0.0013*** (-6.24)	-0.0003*** (-5.10)	-0.0006*** (-6.65)	-0.0006*** (-6.47)
TAT		-0.0075 (-1.36)	-0.0013 (-0.51)	-0.0047 (-1.56)	-0.0046 (-1.54)
Lev	-0.0018 (-0.67)	0.0129* (1.89)	-0.0174*** (-9.89)	-0.0022 (-0.80)	-0.0023 (-0.85)
L. inv	0.1604*** (27.86)	0.1057*** (7.69)	0.1715*** (45.42)	0.1603*** (27.85)	0.1600*** (27.79)
年度	控制	控制	控制	控制	控制
行业	控制	控制	控制	控制	控制
截距项	0.0263*** (6.63)	0.0311*** (3.49)	0.0295*** (10.81)	0.0268*** (6.72)	0.0264*** (6.63)
F	55.5051	12.7207	111.0532	53.5199	53.2707
Adj-R2	0.1329	0.0838	0.3394	0.1330	0.1325
N	9244	9244	9244	9244	9244

注：回归模型的被解释变量为企业非效率投资水平（Ineff）；表中数据为各变量回归系数，括号内为对应 t 值；***、**、*分别表示在1%、5%、10%水平上显著。

3. 替换投资效率估计模型

采用 Fazzari 等（1988）的投资现金流敏感性模型检验股权激励对企业投资效率的影响，在借鉴 Fazzari 等（1988）研究模型的基础上，加入了股权激励与现金流的交乘项构建了模型（5-13）。

$$\mathrm{Invest}_{i,\ t} = \alpha_0 + \alpha_1 \mathrm{Cf}_{i,\ t} + \alpha_2 \mathrm{Cf}_{i,\ t} \times \mathrm{Incentive}_{i,\ t} + \alpha_3 \mathrm{Incentive}_{i,\ t} + \alpha_4 \mathrm{Tbq}_{i,\ t} + \alpha_5 \mathrm{Lev}_{i,\ t} + \alpha_6 \mathrm{Size}_{i,\ t} + \alpha_7 \mathrm{Return}_{i,\ t} + \alpha_8 \mathrm{Invest}_{i,\ t-1} + \sum \mathrm{Year} + \varepsilon \tag{5-13}$$

其中，被解释变量（Invest）是企业投资水平，其值为当期新增资本支出，等于“购建固定资产、无形资产和其他长期资产所支付的现金”减去“处置固定资产、无形资产和其他长期资产而收回的现金”净额。解释变量（Cf）为现金流水平，等于当期经营现金净流量。另外，为消除企业规模造成的影响，对被解释变量和解释变量分别除以年末资产总额进行标准化处理。其他变量定义与前文相同。重点考察经营活动现金流与股权激励的交互项的回归系数及其显著性，若交乘项的系数不显著，则说明股权激励对两者之间的关系没有显著影响；若交乘项的系数显著为正，说明股权激励加剧了两者之间的敏感性；若交乘项的系数显著为负，则证明股权激励能有效抑制两者之间的敏感性。回归结果见表 5-18。

表 5-18 股权激励与投资—现金流敏感性：替换投资效率估计模型

变量	模型（1）	模型（2）
Cf	1.0921*	1.127*
	(1.75)	(1.79)
Dumyinc		0.0429**
		(1.87)
Dumyinc * Cf		−0.7977**
		(−1.86)
Tbq	−0.0088	−0.0076
	(−1.52)	(−1.49)
Lev	−0.0699**	−0.0694**
	(−2.24)	(−2.24)
Size	0.0444**	0.0434**
	(2.40)	(2.45)

（续）

变量	模型（1）	模型（2）
Return	-0.4871	(-1.48)
	-0.4784	(-1.50)
Linvest	-0.0369*	-0.0357*
	(-1.71)	(-3.19)
Year	Y	Y
截距项	-0.84**	-0.8241**
	(-2.23)	(-2.27)
F 值	9.54***	8.32***
Adj-R2	0.3899	0.4008
N	9244	9244

注：回归模型的被解释变量为企业投资水平（Invest）；列（1）是投资水平与现金流量的回归结果，列（2）回归模型中加入股权激励虚拟变量 Incentive 及交互项 Incentive * Cf；表中数据为各变量回归系数，括号内为对应 t 值，并经 Cluster 修正；固定效应控制个体效应；***、**、* 分别表示在 1%、5%、10%水平上显著。

5.4 本章小结

本章通过分析股权激励与企业投资行为之间的影响关系，提出相应的研究假设，并以 2007—2014 年沪深 A 股公告实施股权激励的非金融上市公司为样本，主要运用 PSM 对数据进行实证检验，得出以下重要结论：①与未实施股权激励相比，股权激励的实施能够有效改善企业的非效率投资行为，且对投资过度的抑制效果更加显著；②不同股权契约结构对企业投资效率的影响存在差异，与股票激励相比，期权激励对投资效率的抑制作用更加显著，股权激励期限越长，对投资效率的抑制效果越好，但企业非效率投资并未随股权激励水平的提高而得到显著降低；③股权激励对投资效率的影响受企业异质性的调节，如在民营企业中，股权激励对非效率投资的制约效果更为显著；与股权集中度较高的企业相比，股权激励在股权较为分散的企业中效果更加显著；与保护性行业相比，股权激励在竞争性行业中更能发挥治理效果。

第 6 章

股权激励、双重代理成本与投资效率

第 5 章的研究中运用倾向得分匹配的方法为股权激励有效抑制企业非效率投资提供了经验证据，但是股权激励对非效率投资的作用机理还有待进一步挖掘，股权激励对投资效率的影响是直接作用的结果，还是通过其他路径来实现是本章需要探索的问题。对此部分的认知有助于深入理解高管股权激励的治理效应，也有助于丰富和拓展股权激励研究的逻辑框架。

近年来，我国上市公司治理水平呈逐步完善的趋势，但总体水平仍然较低（Allen F，Qian J，Qian M，2005）。公司制下所有权与经营权分离产生了股东与管理者、大股东与小股东间的委托代理问题（Jensen 和 Meckling，1976）。根据现有文献，企业的无效投资主要是由股东与经理之间的代理冲突所致，大股东对小股东的侵占也会造成投资的非效率。随着资本市场的成熟，股权激励制度在我国企业中的应用范围越来越广。股权激励能够促使企业经理人与公司的长远目标保持一致，在一定程度上解决股东与经理人之间的利益冲突的作用已得到证实，近年来越来越多的学者把视角转移到股权激励对大股东对其他中小股东的利益侵占上。已有文献同样证明了对高管进行股权激励，通过让经营人员持有公司股份，成为企业中小股的代表，可以缓解大股东与高管之间的"合谋"，使高管选择正确的投资决策，而不是有利于大股东的决策行为，从而有效减缓大股东与其他中小股东之间的第二类代理冲突，保护中小投资者的利益。

在本章构建的理论框架中，股权激励对企业过度投资或投资不足的影响既可能是直接的，又可能是通过影响两类代理冲突，进而抑制企业非效率投资。本章将对这些可能的路径提出研究假设，并进行实证检验。

本章后续结构安排如下：6.1 节是理论分析与研究假设；6.2 节是研究设计，具体从如下几个方面进行：样本选择与数据来源、模型设定与变量定义及中介效应检验流程；6.3 节对研究结果进行分析，主要包括各变量的描述性统计与相关性分析、实证分析以及稳健性检验；6.4 节是本章的研究结论。

6.1 理论分析与研究假设

6.1.1 双重代理成本与非效率投资

1. 第一类代理成本对非效率投资的影响

经理人与公司股东利益冲突下投资非效率问题，主要是企业投资决策者（公司经理人员）在长期投资中对付出的“私人成本”与投资新项目所获取的“私人收益”进行权衡的结果。在信息不对称的资本环境中，经营决策者的投资行为很难受到监管，且在理性经济人的假设下，公司高管是否选择投资是出于最大化个人私利的动机，而非根据企业所面临的投资机会。因此，当他们认为投资新项目所得到的私有收益高于付出的个人成本时，就会选择投资，哪怕所投项目的净现值可能为负，损害公司整体价值，从而造成过度投资；相反，当他们认为投资新项目带来的个人利益难以覆盖为此所付出的成本时，就会放弃投资，尽管该项目的净现值大于零，有利于企业的长远发展，导致企业投资规模不足（Jensen 和 Meckling，1976；Jensen，1986；Stulz，1990；Denis 等，1997）。

过度投资指的是在 NPV<0 的情况下，决策者仍然对项目进行投资的一种现象。主要因为存在私人收益，造成了管理者倾向于过度投资。Jensen（1986）认为正是因为对公司资源的控制才最终造成管理者的私人收益。于是，随着公司规模的渐渐变大，管理者可以掌控更多的企业资源，从而为自己谋取更多的私利（包括更多的在职消费）。基于这方面的考虑，管理者们对于构建“企业帝国”的冲动时刻体现在具体的行动及决策的过程中，他们有一种决策的冲动，即希望将可支配的资金都源源不断地投入新的一个又一个项目中去，从而获得丰厚的私人收益。Stulz（1990）、Hart（1995）等学者对“帝国建设”理论进一步地继承和拓展。Conyon 和 Murphy（2000）发现经理收益越高，企业的规模就越大，即经理收益对企业规模是正相关的关系，企业规模越大，经理的货币或非货币收益越大，小规模企业经理的货币收益或非货币收益远远低于大规模企业经理的货币收益或非货币收益。于是，经理层常常会通过加大投资力度，使企业的规模变大，从而使个人收益增加。Levy 和 Hennessy（2007）研究得出：之所以产生过度投资的现象，其中一个主要原因就是在新投资项目能够获得足够多的私人收益时，就提高了企业经理人可能接受净现值为负的投资项目的概率。管理层代理股东进行经营管理，努力经营获

得的收益由股东分享，经营失败则大部分归咎于管理层，成本由管理层负担，收益与成本间的不平衡会导致管理层在进行投资决策时，选择对自身有利而非对股东有益的项目。管理层为了获取更多的个人私利，构建“企业帝国”而任意扩张企业规模，甚至为了不将现金通过分红形式返给股东，明知投资项目的预期净现值为负值，他们也要将自有现金流投于此，导致企业的投资超出最优水平（Jensen 和 Meckling，1976；Jensen，1986）。Richardson（2006）采用投资预期模型和大样本数据，在控制融资约束和成长机会的前提下，发现在1988—2002 年，美国上市公司平均有 20%的自由现金流的使用是无效的，被用于过度投资的非效率投资行为中；而且公司的自由现金流越高，越可能发生过度投资。

资本投资给企业经理人带来两种东西：一是私人收益；二是私人成本。当充分激励消失的时候，那些不利于维持其地位的好项目将因私人成本的产生而遭到企业经理人的丢弃，最后造成项目的投资不足（Bertrand 和 Mullainathan，2003；Aggarwal 和 Samwick，2006）。每启动一个新项目，更大的监管责任以及更大的工作压力将施加给企业经理人，有时候因为项目的需要，企业经理人还需要补充新的知识以便更好地实施新项目的管理。更坏的情况下，倘若投资失败，经理人被替换掉也是常有的事情，尤其是面临创新投资时，技术和未来市场的不确定性均使企业经理人担负的个人成本增大。因此，一旦投资决策者认为新项目的投资所付出的成本过高，却没有对应的回报，该项目（尽管净现值为正）就会遭到企业经理人的放弃，使企业投资规模小于最优投资水平。

Holmstrom 和 Weiss（1985）研究发现，由于信息不对称的存在，股东对经理人所付出的实际劳动并不完全知晓。另外，投资的产出不仅依赖于企业实际投入，还会受到外界随机因素的干扰，出于对职业安全及声誉的考虑，净现值为正但私人成本较高的投资项目将被企业经理人放弃，造成偷懒或者卸责现象发生。

Lambert（1986）研究表明，每一项投资决策之前，有大量的信息需要企业管理者进行收集分析，但是这个过程的付出及艰辛并未被企业所有者过多地了解及重视。由此，“偷懒”行为在企业管理者中出现就不足为怪，从而对企业造成投资不足的后果。Bertrand 和 Mullainathan（2003）也指出，企业启动新项目或对现有项目进行更新改造时，经理们都需要补充新的知识，提高自己对投资项目的管理能力，导致他们习惯的平静的生活被新的紧张的生活所代替，这些都是新的投资项目或改造项目之于管理者的私人成本。而当投资引起的私人成本增加较高时，他们就会放弃一些净现值大于零的投资项目，造成项目投资规模达不到最优投资水平（Aggarwal 和 Samwick，2006）。张会丽和陆正飞（2012）认为，在我国这样的新兴国家中，代理成本问题甚至更为严重，因此企业更容易存在投资非效率问题。基于以上分析，提出以下假设。

H1：第一类代理冲突的存在，导致企业投资处于非效率状态。

2. 第二类代理成本对非效率投资的影响

Shleifer 和 Vishny（1997）指出在股权集中的上市公司中，企业的矛盾不再是最初股东与经理人员间的利益冲突，而是控股股东与其他大股东间的利益冲突。La Porta 等（1999）也支持了 Shleifer 和 Vishny（1997）的论断。之后，相关学者 Claessens 等（2000）、Faccio 和 Lang（2002）、Fan 等（2005）的研究也发现了类似的结论。

Bertrand 和 Mullainathan（2003）选择了金字塔形的股权结构为研究样本，讨论了控股股东投票权和其获得的现金流量权间的分离问题。研究发现，控股股东由于在公司拥有相对较多的股权而获得相应较大比例的投票权，甚至可以对公司的经营决策及习惯有效控制，但是获得的现金流量权是按其持股比例分配的，出现了所有权和控制权相分离的状况。假设控股股东拥有 10%比例的股份，在所有股东中持股比例最高，成为控股股东，拥有远远超过 10%比例的投票权，可以根据自己的意愿制定公司决策，但是却只拥有公司 10%的现金流量权，能够实现对公司的有效控制，但是仅拥有少量现金流量权（相对于控制权）的最终控制人（或称控股股东）就成为少数所有权控制性股东。在这种结构下，虽然控股股东拥有少量的现金流量权，大部分决策成本却要由股东共同承担，导致此股权结构下的代理成本提高①。更为重要的是，控股股东作为企业的最终控制人，在进行重要决策时，由于控制权与所有权分离使其拥有有效控制权，因此有能力也有动机实施利益侵占行为，其决策的标准通常是自身价值的最大化而不是公司价值的最大化（Bebchuk 等，2003）。Wei 和 Zhang（2008）以东亚国家为研究对象，证实了大股东与其他中小股东间的利益冲突将使企业投资超过最优企业投资规模。Albuquerque 和 Wang（2008）也对大股东控制下的企业投资行为进行了研究，发现在法律保护较弱的地区，大股东更倾向于扩大企业规模。

我国学者冉茂盛等（2010）在对企业投资效率进行测度的基础上，采取通径分析的手段，研究大股东控制对企业投资效率的影响机理，发现第一大股东持股比例通过不同的路径影响企业投资效率，“激励效应”及“耗损效应”并存。田立军

---

① CRONQVIST H, NILSSON M. Agency costs of controlling minority shareholders [J]. Journal of financial and quantitative analysis, 2003, 38 (4): 695-719.

和宋献中①（2011）研究同样表明：大股东控制权与现金流权的分离程度同企业的过度投资行为是正相关关系。过度投资和投资不足这两种行为均会降低企业的资本配置效率，最终损害企业的价值。基于以上分析，提出本章假设 2。

H2：第二类代理冲突的存在，导致企业投资处于非效率状态。

6.1.2　股权激励与双重代理成本

结合中国资本市场的发展实践及轨迹来看，国有企业改制是中国大部分上市公司的来源，鉴于监督力度薄弱及法律体系的不完善等情况的存在，客观上产生了大股东与中小股东之间的利益冲突及大股东掏空上市公司的行为。尤其是国有上市公司经常发生的关联交易、过度投资等行为。

为了使各利益主体之间的利益更加均衡协调，公司治理过程中需要集激励与约束作用于一体，并通过有效的公司治理机制来实现最终的目标。郑志刚（2007）指出，更加具有现实意义的是：研究探讨第一类代理成本和第二类代理成本同时存在的公司治理机制及对其整合的重要作用。这样的研究才会成为公司治理机制研究开展的重要领域和方向。公司治理机制产生的初衷是解决第一类代理所产生的问题，可是在双重治理关系分析框架之下，亟须拓展其对第二类代理问题的治理作用。而依据次优理论的分析，鉴于委托代理链条信息分布的非对称特征，任何公司治理机制下所实际达到的经济效率总不是最优的，也就是说，在这个过程中，各种机制存在着互补和替代的情况。因此，第一类代理问题和第二类代理问题两种矛盾相互替代或补充的关系会出现在各类具体的治理机制发挥其治理效应的过程中，同时，两类代理问题的双重效应也应该在治理过程的考虑之列。

对于第一类代理问题与股权激励关系的研究，普遍认为股权激励是解决委托代理问题的有效手段。它们认为股权激励作为一种治理手段的出现，可以使管理者以股东的身份参与分享利润、进行企业决策、承担风险，从而最终降低企业经营人员与公司全体股东之间的代理冲突，减少第一类代理成本（Jensen 和 Meckling，1976）。Murphy（1999）指出，降低代理成本的重要手段还存在于如何设计好管理层的薪酬合同，薪酬合同与薪酬合约不同，前者通过股权激励具有更好的激励作用。Jensen 和 Murphy（1990）的研究也发现通过让管理层持股，使管理层与股东利益趋于一致，可有效降低代理成本，缓解代理冲

① 田立军和宋献中按照企业最终控制人类型进行分组，分别检验了不同产权性质下第二类代理冲突对企业投资行为的影响。结果发现，大小股东间的利益冲突与投资行为在国有企业中显著正相关，在民营企业中不显著。但把债务融资约束作为控制变量后，二者的关系民营企业中也显著为正。

突。Ang 等（2000）、Hanson 和 Song（2000）、Davidson 和 Singh（2003）等学者的经验检验也支持这个结论。他们指出在企业两权分离以及资本市场信息不对称的情况下，采用让高管持股的激励方式，能够使企业经营决策者与公司股东的经济目标相趋同，在一定程度上减少二者之间的代理冲突。Tzioumis（2008）通过对美国上市公司 1994—2004 年的数据进行检验，研究结果也表明管理层股权激励与代理成本负相关。在我国，廖理和方芳（2004）、周中胜（2008）等也进行了有关股权激励与第一类代理问题的研究，得出股权激励能够有效发挥治理作用，使高管利益与股东利益相一致，有效降低管理层与股东间的利益冲突。

基于以上分析，本书提出如下假设。

H3：股权激励可有效降低第一类代理成本。

企业对高管进行股权激励的目的是激励经理人，减少他们进行道德风险或“逆向选择”的动机，从而提高投资者的预期回报率。而对投资者的利益进行有效保护是促使股权激励效应充分发挥的前提条件①。LLSV② 指出只有将企业经营者同中小股东的利益紧密联系在一起，才能使企业的经营者尽最大力量保护好中小股东的利益，抑制大股东的侵害。鉴于中国的现状，国有企业依然占主体地位，在国有上市公司中，为了避免国有资产的流失，企业的大股东是国家。考虑到在中国这种“一股独大”的经济社会中企业股份的构成比例的实际情况，企业的经营管理者是几乎不可能成为公司控股股东的。在民营企业依然如此，随着第一代创始人的退出，企业的经营管理权交由职业经理人来打理，但企业的控制权依然掌握在创始人（大股东）手里，企业经营者很难成为控股股东。在这种情况下，通过对经理人员实施股权激励，让他们持有公司股份，成为企业中小股东中的一员，把他们和中小股东的经济利益目标紧密联系在一起，维护中小股东的利益也就是维护经理人自己的利益。有关股权激励对大股东损害其他中小股东作用效果的文献研究很多都是基于这一思路。

我国学者丑建忠等（2008）对股权激励在大股东侵占中的效应进行验证，结果证实让管理层持股能够促使经理人与中小股东利益的一致，拒绝执行控制性大股东侵害中小股东利益的无效投资授意，从而保护中小投资者的权益。黄

① 黄健柏，徐珊，刘笃池．公平偏好下纳入股权激励的双重委托代理模型研究［J］．软科学，2013（5）：124-129.

② LA PORTA R，LOPEZ-DE-SILANES F，SHLEIFER A，et al. Law and finance［J］. Journal of political economy，1998，106（6）：1113-1155.

健柏等（2013）借鉴F-S模型，将公平偏好理论纳入股权激励的双重委托代理理论框架中，通过对概率化模型的参与约束条件进行分析，从一个新的视角研究了控股股东的利益侵害问题。研究结果表明：在双重委托代理分析框架中，经理人因股权激励的引入而同时具备企业所有者和企业经营者双重身份，经理人能有效地获得激励。同时，这种激励效果会随着经理人的公平偏好感而变得更加显著，一个经理人具备的公平偏好感越高，那么其愿意接受的股权比例也相对较高。上市公司的主要特征就是股权相对集中或高度集中，在这种情况下，对偏好公平的管理者实施一定份额的股权激励，使其成为中小股东的一分子，代表中小股东利益行事，从而有效制约大股东的“隧道挖掘”行为。徐宁和任天龙（2014）指出经营者支持正确决策的动力与能力随着股权激励力度的增加均得以加强，因此，经营者就有更大的可能性进行理性的判断，拒绝与大股东“合谋”进行无效的投资，从而削弱了控股股东侵占中小股东利益的动机并提高了操作上的难度，减少大股东对其他中小股东的利益伤害。因此，本书提出如下假设。

H4：实施股权激励政策能够降低第二类代理成本。

6.1.3　双重代理成本的中介作用

公司治理机制的不完善是两类代理冲突的根源所在，其结果就是使中小股东成为最终的受害者。毫无疑问，不管是第一类代理冲突还是第二类代理冲突的加剧，最终都会影响到企业的最优投资决策，结果导致企业出现投资过度或者投资不足的情况，影响企业的效益，进而对上市公司绩效或价值产生负面影响。通过以上的分析可以表明，上市公司的代理成本是受企业股权激励的影响的，代理成本的增加必然会导致企业的非投资效率的低下，以此，可推断股权激励可能通过影响上市公司的代理成本进而影响公司投资效率。因此，本书提出如下假设。

H5：两类代理成本在股权激励影响上市公司投资效率的过程中发挥中介作用。

6.2　研究设计

6.2.1　样本选择与数据来源

本章数据来源与样本选择同第5章，对于实施股权激励的公司数据按如下步骤手工收集：首先，从CSMAR数据库中获取上市公司的股权激励公告信息；其次，对公告后又取消股权激励的公司进行剔除，在2006—2014年有651家上市公司实施了股权激励；最后，把公告股权激励计划当年及后三年作为实施股权激励的样本，公告股权激励计划前三年为未实施股权激励的样本。为避免2007年新企业会计准则对回归结果造成的影响，本书采用2007—2014年的数据进行实证检验。并按以下原则对样本进行了筛选。①剔除金融保险类行业的上市公司。参考以往文献对上市公司问题研究方法，仅保留非金融类上市公司，因为金融业相较于其他行业遵循不同的会计制度和准则，年度会计报表项目反映的信息也有别于其他行业。另外，2008年7月，财政部下发了《关于清理国有控股上市金融企业股权激励有关问题的通知》，该文明确规定，大型上市金融企业不得擅自实行股权激励，对于准备设立和已经采用股权激励的企业，都要暂停，待新政策明确后再进行制定。故本书基于数据完整性剔除金融类公司。②剔除2007—2014年财务状况处于恶化状态的ST类、PT类非正常交易的公司以及退市的公司。③剔除在公司IPO当年实施股权激励的公司。④剔除样本区间内相关资料不全或有缺漏值的公司。⑤为消除异常值的影响，对所有连续变量在1%和99%分位水平上进行了缩尾处理。按照上述标准筛选后，本章最终得到9196个"公司-年度"观测值。财务数据和公司治理数据均取自CSMAR数据库。

6.2.2 模型设定与变量定义

1. 模型设定

本书借鉴Baron和Kenny（1986），以及温忠麟和叶宝娟（2014）提出的中介效应检验程序，对两类代理成本是否在股权激励影响企业投资效率的路径中发挥部分中介效应进行检验。

本书设定的计量模型为

$$\text{Ineff} = \alpha_0 + \alpha \text{Incen} + \sum_{i=1}^{6} \alpha_i \text{Control} + \varepsilon_1 \quad (6-1)$$

$$\text{AgencyCost} = \beta_0 + \beta \text{Incen} + \sum_{i=1}^{6} \beta_i \text{Control} + \varepsilon_2 \quad (6-2)$$

$$\text{Ineff} = \gamma_0 + \gamma \text{Incentive} + \lambda \text{AgencyCost} + \sum_{i=1}^{6} \gamma_i \text{Control} + \varepsilon_3 \quad (6-3)$$

其中，Ineff为上市公司非效率投资代理变量；Incentive为股权激励的代理变量；AgencyCost为代理成本的代理变量；Control为一系列控制变量。α_0、β_0和γ_0为各模型的截距项，α_i、β_i和γ_i为各模型中控制变量的系数，ε_1、ε_2和ε_3是各模型的误差项。

2. 变量定义

1）被解释变量

非效率投资（Ineff）由 Richardson（2006）模型计算得出，以第 5 章的式（5-9）残差的绝对值来衡量。式（5-9）的拟合值作为预期投资水平，残差部分作为非预期投资部分，取残差的绝对值作为企业非效率投资的代理变量，该值绝对值越大，非效率投资越高。

2）解释变量

采用虚拟变量对解释变量股权激励（Incentive）进行衡量，具体把公告股权激励计划当年及后三年作为实施股权激励的样本，取值为 1，公告股权激励计划前三年为未实施股权激励的样本，取值为 0。

3）中介变量

在双重委托代理下，本书把第一类代理成本和第二类代理成本都作为中介变量，分别检验其在股权激励对投资效率影响中是否具有中介效应。

对第一类代理成本的衡量，学术界普遍采用管理费用率和总资产周转率两个指标。管理费用率反映了经理人的额外消费程度，管理费用率越高，股权代理成本越高。总资产周转率是一个反向指标，反映了管理者努力经营的程度，总资产周转率越高，表明股权代理成本越低。但本书认为用管理费用率来作为股权激励影响投资效率的中介变量并不合适，由于用管理费用率来反映在职消费并不客观，投资效率的提高本身就离不开更多的管理支出，用管理费用率作为代理成本的衡量指标可能得出相反的结论。相对而言，管理层的努力经营程度却与企业投资效率的高低有着必然的关系，因此，本书采用总资产周转率来衡量第一类代理成本。

对于第二类代理成本，学界较多采用其他应收款比例来衡量，以此来表示大股东对公司的侵占。但实际上，企业中除了大股东对上市公司的侵占，还有上市公司对大股东资金的侵占，因此，用其他应收款来衡量第二类代理成本并不准确①。已有文献②表明股东控制权越大，其利用控制权侵占中小股东利益的便利性越强，因此本章采用控股股东控制权比例来作为第二类代理成本的代理变量。

4）控制变量

借鉴已有相关研究，本书采用的控制变量包括企业成长性（Grth）、财务

① 张功富．产品市场竞争影响企业非效率投资的路径研究［D］．广州：暨南大学，2008.

② 俞红海等（2010）从过度投资视角发现，控股股东控制权水平越高，其越可能通过过度投资的方式进行利益侵占。

杠杆（Lev）、公司规模（Size）、上市年限（Age）、公司自由现金流（Fcf）、股权制衡度（Shrz）、独立董事规模（Idsize）以及行业年度等变量。

主要变量定义及说明见表6-1。

表6-1 主要变量定义及说明

变量名称	符号	变量说明
非效率投资	Ineff	过度投资与投资不足统称为非效率投资，其值为方程回归残差的绝对值
股权激励	Incentive	虚拟变量，公告股权激励计划当年及后三年作为实施股权激励的样本，取值为1；否则，取值为0
第一类代理成本	Tat	总资产周转率
第二类代理成本	Crp	控股股东控制权比例
企业成长性	Grth	（t年营业收入-（t-1）年营业收入）/（（t-1）年营业收入）
财务杠杆	Lev	负债总额/资产总额
公司规模	Size	总资产的自然对数
上市年限	Age	企业上市年数
公司自由现金流	Fcf	（净利润+利息支出+非现金支出-营运资本追加-资本性支出）/期初总资产
股权制衡度	Shrz	第一大股东持股比例与第二大股东持股比例之比的自然对数
独立董事规模	Idsize	独立董事人数/董事会人数

6.2.3 中介效应检验流程

本书借鉴温忠麟等（2014）的检验流程分步骤进行检验。

步骤一：检验系数α，若该系数显著，按中介效应立论；若该系数不显著，按遮掩效应立论。但无论α系数是否显著，都应进行后续检验。

步骤二：依次检验模型（6-2）的系数β和模型（6-3）的系数λ，如果两者都显著，表明代理成本中介效应显著，转到步骤四；如果至少有一个系数不显著，进行步骤三。

步骤三：用Bootstrap法直接检验β与λ的乘积。若原假设$\beta\lambda=0$显著，则间接效应显著，进入步骤四；若间接效应不显著，则停止分析。

步骤四：检验模型（6-3）的系数γ，如果不显著，则直接效应不显著，说明只有中介效应。如若显著，则直接效应显著，进入步骤五。

步骤五：比较$\beta\lambda$和γ的符号，如果同号，属于部分中介效应，中介效应占总效应的比例为$\beta\lambda/\alpha$。如果异号，属于遮掩效应，间接效应占直接效应

的比例为绝对值 $|\beta\lambda/\alpha|$。

中介效应检验流程如图 6-1 所示。

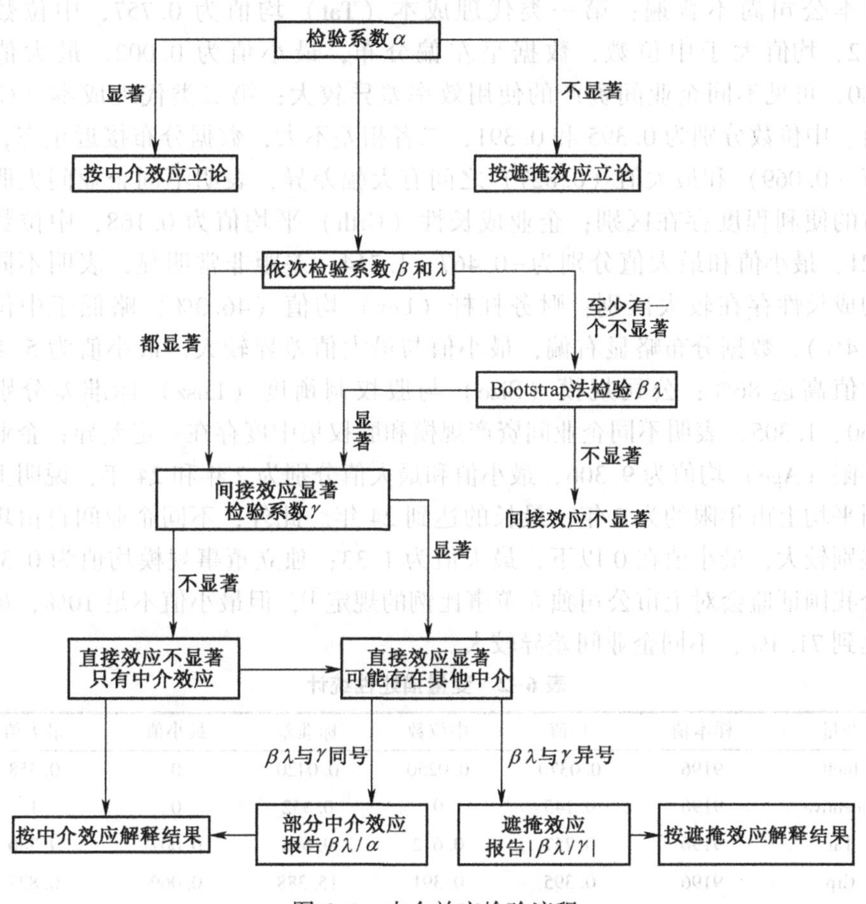

图 6-1　中介效应检验流程

6.3　研究结果分析

6.3.1　描述性统计与相关性分析

表 6-2 报告了检验模型各变量的描述性统计结果。由表 6-2 提供的数据可以看出，主要变量非效率投资（Ineff）的均值约为 0.0370，中位数为

0.0250，标准差为0.0420，最大值为0.358，数据整体分布较为合理；股权激励（Incentive）的均值为0.145，最小值为0，最大值为1，说明实施股权激励的样本公司尚不普遍；第一类代理成本（Tat）均值为0.757，中位数为0.612，均值大于中位数，数据呈左偏分布，最小值为0.002，最大值为9.380，可见不同企业间资产的使用效率差异较大；第二类代理成本（Crp）均值、中位数分别为0.395和0.391，二者相差不大，数据分布接近正态，最小值（0.069）和最大值（0.827）之间有大幅差异，表明不同企业间大股东侵占的便利程度存在区别；企业成长性（Grth）平均值为0.168，中位数为0.121，最小值和最大值分别为-0.467、1.714，差距非常明显，表明不同公司的成长性存在较大区别；财务杠杆（Lev）均值（46.3%）略低于中位数（47.4%），数据分布略显右偏，最小值与最大值差异较大，最小值为5.4%，最大值高达86%；公司规模（Size）与股权制衡度（Lnsz）标准差分别为1.260、1.305，表明不同企业间资产规模和股权集中度存在一定差异；企业上市年限（Age）均值为9.306，最小值和最大值分别为2年和24年，说明上市公司平均上市年限约为9年，最长的达到24年。此外，不同企业间自由现金流差别较大，最小值在0以下，最大值为1.33；独立董事规模均值为0.367，符合我国证监会对上市公司独立董事比例的规定①，但最小值不足10%，最大值达到71.4%，不同企业间差异较大。

表6-2 变量描述性统计

变量	样本值	均值	中位数	标准差	最小值	最大值
Ineff	9196	0.0370	0.0250	0.0420	0	0.358
Incentive	9196	0.145	0	0.352	0	1
Tat	9196	0.757	0.612	0.646	0.002	9.380
Crp	9196	0.395	0.391	15.388	0.069	0.827
Grth	9196	0.168	0.121	0.322	-0.467	1.714
Lev	9196	0.463	0.474	0.202	0.0540	0.860
Size	9196	22.05	21.85	1.260	19.18	28.51
Lnsz	9196	1.858	1.692	1.305	0	6.985
Age	9196	9.306	9	5.354	2	24
Fcf	9196	0.0470	0.0690	0.171	-5.675	1.330
Idsize	9196	0.367	0.333	0.0530	0.0910	0.714

表6-3给出了各变量之间的皮尔逊相关系数。仅从表6-3报告的数据可

① 中国证监会具体要求上市公司董事会成员中应当至少1/3为独立董事。

表 6-3　相关系数矩阵

变量	Ineff	Incentive	Tat	Crp	Grth	Lnsz	Lev	Size	Age	Fcf	Idsize
Ineff	1										
Incentive	0. 0100	1									
Tat	-0. 04***	-0. 0100	1								
Crp	0. 02**	-0. 08***	0. 07***	1							
Grth	0. 14***	0. 02*	0. 06***	0. 04***	1						
Lnsz	-0. 02**	-0. 16***	0. 06***	0. 59***	-0. 0200	1					
Lev	-0. 05***	-0. 14***	0. 16***	0. 05***	0. 03***	0. 14***	1				
Size	-0. 06***	-0. 06***	0. 05***	0. 29***	0. 03***	0. 13***	0. 49***	1			
Age	-0. 14***	-0. 23***	0. 07***	-0. 08***	-0. 03**	0. 23***	0. 32***	0. 28***	1		
Fcf	-0. 08***	-0. 0100	0. 03***	0. 07***	-0. 05***	0. 02*	-0. 12***	-0. 05***	-0. 0100	1	
Idsize	-0. 03***	0. 07***	-0. 04***	0. 02**	0	0. 0100	0	0. 06***	-0. 04***	-0. 03***	1

注：***、** 和 * 分别表示在 1%、5%和 10%的水平上显著相关。

以发现，股权激励（Incentive）与非效率投资（Ineff）没有显著的相关性，但并不能因此说股权激励对非效率投资没有影响，需通过进一步多元回归分析来证明；Tat 与非效率投资 1%水平负相关，说明总资产周转率越高，第一类代理成本越低，非效率投资水平越低；Crp 与 Ineff 在 5%水平显著正相关，这表明第二类代理冲突越严重，非效率投资越突出；在控制变量中，所有控制变量都与非效率投资（Ineff）显著相关，说明本章控制变量的选取基本恰当。从相关系数值的大小来看，除 Lnsz 与 Crp 的相关系数为 0.59 外，模型中各变量之间的相关系数都小于 0.5，低于共线性的一般门槛值 0.7。同时，各变量 VIF 值均在 2 以下，平均 VIF 值为 1.37，说明模型各变量的选取较为合理，不存在严重共线性的问题，对实现本书研究目的没有较大的干扰。

6.3.2 实证分析

1. 两类代理成本与非效率投资

本部分检验了两类代理成本对投资效率的影响，检验结果见表 6-4。表中列（1）主要验证的是第一类代理成本对投资效率的影响，列（2）是第二类代理成本与投资效率的回归结果，列（3）是进一步检验第一类代理成本、第二类代理成本对投资效率的影响。从表中列（1）提供的数据可以看出，Tat 的回归系数为-0.0021，在 1%水平上显著，表明资产周转率越高的上市公司非效率投资越低。由于资产周转率是反映第一类代理成本的负向指标，因此，也可以说第一类代理成本越高，非效率投资越高。列（2）中，Crp 的回归系数在 10%水平上显著为正，表明大股东侵占与企业非效率投资正相关。列（3）呈现的回归结果进一步反映了两类代理成本对非效率投资的影响，由 Tat 和 Crp 的系数可以得出第一类代理成本、第二类代理成本与企业非效率投资存在正相关关系。

表 6-4 代理成本与非效率投资

变量	(1)	(2)	(3)
Tat	-0.0021***		-0.0022***
	(-3.14)		(-3.27)
Crp		0.0001*	0.0001**
		(1.78)	(2.00)
Grth	0.0059***	0.0058***	0.0059***
	(12.93)	(12.65)	(12.83)

（续）

变量	(1)	(2)	(3)
Lnsz	0. 0005	-0. 0001	-0. 0001
	(1. 40)	(-0. 16)	(-0. 22)
Lev	-0. 0012	-0. 0018	-0. 0005
	(-0. 50)	(-0. 73)	(-0. 22)
Size	-0. 0008*	-0. 0010**	-0. 0011**
	(-1. 92)	(-2. 34)	(-2. 54)
Age	-0. 0010***	-0. 0010***	-0. 0010***
	(-11. 82)	(-10. 58)	(-10. 44)
Fcf	-0. 0181***	-0. 0189***	-0. 0185***
	(-7. 21)	(-7. 51)	(-7. 35)
Idsize	-0. 0284***	-0. 0274***	-0. 0282***
	(-3. 55)	(-3. 41)	(-3. 52)
截距项	0. 0739***	0. 0756***	0. 0784***
	(8. 78)	(8. 71)	(9. 00)
F	54. 6926	53. 8206	49. 0781
Adj-R2	0. 0446	0. 0439	0. 0449
N	9196. 000	9196. 000	9196. 000

注：被解释变量为非效率投资（Ineff）。列（1）仅包含第一类代理成本；列（2）仅包含第二类代理成本；列(3)把两类代理成本共同纳入模型中。括号为对应 t 值，***、**、*分别为 1%、5%和 10%下的显著性水平。

2. 作用机理检验：代理成本的中介效应分析

1）第一类代理成本

表 6-5 报告了股权激励对投资效率的影响、股权激励对第一类代理成本的影响以及控制了第一类代理成本后股权激励对投资效率的影响。列（1）以非效率投资为被解释变量，采用计量模型（6-1）检验了股权激励对非效率投资的影响，股权激励（Incentive）的回归系数 α 为-0. 003，在 1%水平上显著。列（2）是对模型（6-2）的回归结果，被解释变量为第一类代理成本，解释变量为股权激励，回归系数 β 为 0. 042，在 5%水平显著为正，表明股权激励的实施促进了资产周转率的提高，降低了第一类代理成本。列（3）是对模型（6-3）的回归分析，相对模型（6-1），模型（6-3）中加入了中介变量第一类代理成本。结果显示，第一类代理成本系数 λ 为-0. 002，在 1%水平高度显著。说明资产周转率的提高能够降低企业非效率投资。同时，股权激励系数 γ 为-0. 003（5%水平显著），表明即使控制了第一类代理成本，股权激励仍然

与非效率投资显著负相关。

表 6-5 股权激励、第一类代理成本与非效率投资

变量	Ineff (1)	Tat (2)	Ineff (3)
Incentive	-0.003*** (-2.62)	0.042** (2.17)	-0.003** (-2.55)
Tat			-0.002*** (-3.08)
Grth	0.006*** (12.79)	0.042*** (5.88)	0.006*** (12.96)
Lnsz	0.0001 (1.01)	0.017*** (3.32)	0.0001 (1.12)
Lev	-0.003 (-1.16)	0.544*** (14.14)	-0.002 (-0.69)
Size	-0.001* (-1.70)	-0.023*** (-3.75)	-0.001* (-1.82)
Age	-0.001*** (-12.17)	0.003** (2.35)	-0.001*** (-12.09)
Fcf	-0.019*** (-7.43)	0.202*** (5.16)	-0.018*** (-7.26)
Idsize	-0.026*** (-3.28)	-0.413*** (-3.29)	-0.027*** (-3.38)
截距项	0.072*** (8.53)	1.075*** (8.19)	0.074*** (8.76)
F	54.299	41.580	49.366
Adj-R2	0.044	0.034	0.045
N	9196.000	9196.000	9196.000

注：括号为对应 t 值，***、**、*分别为 1%、5%和 10%下的显著性水平。

基于表 6-5 的结果，依据温忠麟等提出的中介效应检验程序，对第一类代理成本的中介效应进行初步判断：①首先对股权激励与非效率投资的关系进行检验，如果股权激励回归系数显著，则按照中介效应立论，否则按照遮掩效应立论。由列（1）提供的数据可知，股权激励系数 α 显著，满足执行中介效应检验程序的前提条件，可以按照中介效应立论。②模型（6-2）中 Incentive 系数 β 和模型（6-3）中 Tat 的系数 λ 均显著，因此可以判定 Tat 的间接效应显著。③模型（6-3）中股权激励（Incentive）系数 γ 显著，说明直接效应显著。④比较 $\beta\lambda$ 和 γ 的符号，二者同为负号，说明第一类代理成本的部分中介

效应显著，第一类代理成本确实在股权激励对企业非效率投资影响过程中起到部分中介传导作用①。

表 6–6 报告了不同股权激励方式对非效率投资的影响，期权激励、股票激励分别对第一类代理问题的治理，以及第一类代理成本在具体股权激励方式对非效率投资影响中所起的作用。从表 6–6 列（1）、列（4）提供的数据，可以看出期权激励对非效率投资有显著的抑制作用，相较而言，股票激励对非效率投资影响不大，这也进一步验证了第 5 章的结论。

表 6–6 不同股权激励方式、代理成本与非效率投资

变量	期权激励			股票激励		
	Ineff	Tat	Ineff	Ineff	Tat	Ineff
	(1)	(2)	(3)	(4)	(5)	(6)
Jltype	-0.005*** (-2.93)	0.063*** (2.58)	-0.004*** (-2.85)	-0.001 (-0.40)	0.005 (0.16)	-0.001 (-0.39)
Tat			-0.002*** (-3.06)			-0.002*** (-3.14)
Grth	0.006*** (12.79)	0.042*** (5.88)	0.006*** (12.96)	0.006*** (12.76)	0.042*** (5.91)	0.006*** (12.93)
Lnsz	0.0001 (1.08)	0.017*** (3.29)	0.0001 (1.18)	0.0001 (1.27)	0.016*** (3.10)	0.0001 (1.37)
Lev	-0.003 (-1.07)	0.541*** (14.10)	-0.002 (-0.61)	-0.002 (-0.99)	0.538*** (13.99)	-0.001 (-0.52)
Size	-0.001* (-1.73)	-0.023*** (-3.73)	-0.001* (-1.85)	-0.001* (-1.79)	-0.022*** (-3.67)	-0.001* (-1.91)
Age	-0.001*** (-12.16)	0.003** (2.30)	-0.001*** (-12.09)	-0.001*** (-11.85)	0.003** (2.00)	-0.001*** (-11.79)
Fcf	-0.019*** (-7.46)	0.203*** (5.19)	-0.018*** (-7.29)	-0.019*** (-7.38)	0.201*** (5.12)	-0.018*** (-7.21)
Idsize	-0.027*** (-3.34)	-0.407*** (-3.25)	-0.028*** (-3.45)	-0.027*** (-3.42)	-0.397*** (-3.17)	-0.028*** (-3.53)
截距项	0.072*** (8.54)	1.073*** (8.18)	0.074*** (8.77)	0.072*** (8.53)	1.074*** (8.18)	0.074*** (8.77)
F	54.530	41.832	49.557	53.425	40.974	48.628
Adj-R2	0.045	0.034	0.045	0.044	0.034	0.045
N	9196.000	9196.000	9196.000	9196.000	9196.000	9196.000

注：括号为对应 t 值，***、**、* 分别为 1%、5%和 10%下的显著性水平。

① 比较 $\beta\lambda$ 和 γ 的符号，如果同号，属于部分中介效应；如果异号，属于遮掩效应。

通过对比表6-6中列（2）和列（5）的回归结果，可以看出期权激励的实施促进了企业资产周转率的提高，而股票激励并没有发挥出明显的效果。列（3）和列（6）分别是在列（1）和列（2）的基础上加入中介变量（Tat）的回归分析，结果发现在控制了变量Tat后，期权激励仍然与非效率投资显著负相关，股票激励对非效率投资的影响依然不显著。

由于在股票激励与非效率投资的回归中，股票激励的回归系数不显著，不满足中介效应的前提假设，因此，本部分仅对第一类代理成本在期权激励与非效率投资中的中介效果进行分析。依据温忠麟等中介效应检验流程：模型(6-1)中期权激励系数α显著，模型（6-2）中Jltype系数β和模型（6-3）中Tat的系数λ均显著，模型（6-3）中Jltype系数γ显著，且$\beta\lambda$和γ符号相同，据此可判定第一类代理成本在期权激励对非效率投资的影响中具有中介传导效应。

2）第二类代理成本

对第二类代理成本的分析采用与第一类代理成本类似的办法，检验了股权激励对投资效率的影响、股权激励对第二类代理成本的影响以及控制了第二类代理成本后股权激励对投资效率的影响。表6-7是基于全样本对各模型的回归分析结果。

列（1）以非效率投资为被解释变量，采用计量模型（6-1）检验了股权激励对非效率投资的影响，股权激励（Incentive）的回归系数α为-0.003，在1%水平上显著。

列（2）是对模型（6-2）的回归结果，被解释变量为第二类代理成本，解释变量为股权激励，回归系数β为-0.017，在1%水平高度显著，由此可以推断，在大股东或控股股东与中小股东之间的利益冲突中，股权激励的治理效应占优，股权激励的实施能够缓解大股东对企业的侵占，降低第二类代理成本。

列（3）是对模型（6-3）的回归分析。结果显示，第二类代理成本系数λ为0.006，在10%水平显著。说明大股东控制权的增强在一定程度上加剧了企业非效率投资水平。同时，股权激励系数γ为-0.003（5%水平显著），表明即使控制了第二类代理成本，股权激励仍然与非效率投资显著负相关。

基于表6-7的结果，依据图6-1描述的中介效应检验流程，对第二类代理成本的中介效应进行初步判断：①在股权激励与非效率投资的回归结果中，股权激励系数α在1%水平显著，满足执行中介效应检验程序的前提条件，可以按照中介效应立论。②模型（6-2）中Incentive系数β和模型（6-3）中Top1的系数λ均显著，因此可以判定Crp的间接效应显著。③模型（6-3）中

表 6-7　股权激励、第二类代理成本与投资效率

变量	Ineff 模型（6-1）	Crp 模型（6-2）	Ineff 模型（6-3）
Incentive	-0.003*** (-2.62)	-0.017*** (-5.03)	-0.003** (-2.53)
Crp			0.006* (1.65)
Grth	0.006*** (12.79)	0.006*** (4.81)	0.006*** (12.69)
Lnsz	0.000 (1.01)	0.072*** (80.13)	-0.000 (-0.28)
Lev	-0.003 (-1.16)	-0.084*** (-12.75)	-0.002 (-0.93)
Size	-0.001* (-1.70)	0.041*** (39.58)	-0.001** (-2.20)
Age	-0.001*** (-12.17)	-0.008*** (-34.92)	-0.001*** (-10.87)
Fcf	-0.019*** (-7.43)	0.051*** (7.63)	-0.019*** (-7.54)
Idsize	-0.026*** (-3.28)	-0.030 (-1.40)	-0.026*** (-3.25)
截距项	0.072*** (8.53)	-0.554*** (-24.79)	0.075*** (8.67)
F	54.299	1105.948	48.578
Adj-R2	0.044	0.490	0.044
N	9196.000	9196.000	9196.000

注：括号为对应 t 值，***、**、*分别为 1%、5%和 10%下的显著性水平。

股权激励（Incentive）系数 γ 显著，说明直接效应显著。④比较 $\beta\lambda$ 和 γ 的符号，二者符号相同，说明第二类代理成本在股权激励对企业非效率投资影响过程中发挥部分中介效应。

表 6-8 给出期权激励、股票激励对非效率投资的影响，两种激励方式分

别对第一类代理问题的治理，以及第一类代理成本在不同股权激励方式下对非效率投资影响中所起的作用。

表 6-8 不同激励方式分组

变量	A. 期权激励			B. 股票激励		
	Ineff	Crp	Ineff	Ineff	Crp	Ineff
	(1)	(2)	(3)	(4)	(5)	(6)
Jltype	-0.005***	-0.013***	-0.005***	-0.001	-0.017***	-0.001
	(-2.93)	(-3.09)	(-2.88)	(-0.40)	(-3.65)	(-0.33)
Crp			0.007*			0.007*
			(1.69)			(1.77)
Grth	0.006***	0.006***	0.006***	0.006***	0.006***	0.006***
	(12.79)	(4.77)	(12.69)	(12.76)	(4.77)	(12.66)
Lnsz	0.000	0.072***	-0.000	0.000	0.072***	-0.000
	(1.08)	(80.61)	(-0.26)	(1.27)	(80.65)	(-0.17)
Lev	-0.003	-0.082***	-0.002	-0.002	-0.083***	-0.002
	(-1.07)	(-12.50)	(-0.84)	(-0.99)	(-12.61)	(-0.75)
Size	-0.001*	0.041***	-0.001**	-0.001*	0.041***	-0.001**
	(-1.73)	(39.45)	(-2.24)	(-1.79)	(39.48)	(-2.33)
Age	-0.001***	-0.008***	-0.001***	-0.001***	-0.008***	-0.001***
	(-12.16)	(-34.66)	(-10.86)	(-11.85)	(-34.75)	(-10.54)
Fcf	-0.019***	0.051***	-0.019***	-0.019***	0.052***	-0.019***
	(-7.46)	(7.63)	(-7.57)	(-7.38)	(7.72)	(-7.50)
Idsize	-0.027***	-0.034	-0.027***	-0.027***	-0.033	-0.027***
	(-3.34)	(-1.61)	(-3.31)	(-3.42)	(-1.54)	(-3.39)
截距项	0.072***	-0.554***	0.075***	0.072***	-0.555***	0.076***
	(8.54)	(-24.74)	(8.69)	(8.53)	(-24.77)	(8.71)
F	54.530	1102.083	48.799	53.425	1103.012	47.848
Adj-R2	0.045	0.489	0.045	0.044	0.489	0.044
N	9196.000	9196.000	9196.000	9196.000	9196.000	9196.000

注：A 栏激励方式（Jltype）为期权激励，B 栏激励方式（Jltype）为股票激励；括号为对应 t 值，***、**、*分别为 1%、5%和 10%下的显著性水平。

从表 6-8 列（1）、列（4）提供的数据，可以看出期权激励对非效率投资有显著的抑制作用，相较而言，股票激励对非效率投资影响不大，这也进一步验证了第 5 章的结论。通过对比列（2）和列（5）的回归结果，可以得出期权激励的实施缓解了第二类代理问题，而股票激励并没有发挥出明显的效果。列（3）和列（6）分别是在列（1）和列（2）的基础上加入中介变量（Crp）

的回归分析，结果发现在控制了变量 Top1 后，期权激励仍然与非效率投资在1%水平上显著负相关，而股票激励与非效率投资的回归结果不显著。根据温忠麟等（2014）提出的中介效应前提条件，股票激励与非效率投资的回归系数不显著，不满足条件，因此，本部分仅对第二类代理成本在期权激励与非效率投资中的中介效果进行分析。首先，模型（6-1）中期权激励系数 α 显著；其次，模型（6-2）中 Jltype 系数 β 和模型（6-3）中 Crp 的系数 λ 均显著；最后，模型（6-3）中 Jltype 系数 γ 显著，且 $\beta\lambda$ 和 γ 符号相同，据此确定第二类代理成本在期权激励对非效率投资的影响中具有中介传导效应。

6.3.3 稳健性检验

在 6.2 节中重点考察了股权激励对非效率投资的影响，及两类代理成本在股权激励与非效率投资的关系中所发挥的中介作用。本章的基本结论表明：股权激励对非效率投资有显著负相关关系，同时股权激励能够显著降低两类代理成本；两类代理成本在股权激励影响上市公司非效率投资的过程中发挥显著的中介作用。上述结论会不会因为变量的替换而发生变化？本章进行了敏感性分析。

1. 替换非效率投资指标

借鉴罗付岩和沈中华（2013）的研究，精确非效率投资的范围，把 Richardson 模型残差，大于非负残差 1/4 的部分认为是投资过度；小于非正残差3/4的部分认为是投资不足，中间部分认为是正常投资。其中，投资过度与投资不足统称为非效率投资，在数值上等于对应残差的绝对值。本书仅对非效率投资样本进行回归，回归结果的系数和显著性水平没有发生本质改变。具体回归结果见表6-9。

表 6-9 稳健性检验：非效率投资指标的替换

指标	(1) Ineff	(2) Tat	(3) Ineff	(5) Crp	(6) Ineff
Incentive	-0.0057*** (-2.95)	0.0486* (1.91)	-0.0056*** (-2.88)	-0.0245*** (-5.31)	-0.0055*** (-2.81)
Tat			-0.0027** (-2.36)		
Crp					0.0104* (1.67)

（续）

指标	(1) Ineff	(2) Tat	(3) Ineff	(5) Crp	(6) Ineff
Grth	0.0209*** (12.02)	0.2527*** (11.12)	0.0216*** (12.25)	0.0228*** (5.54)	0.0207*** (11.85)
Lnsz	0.0007 (1.39)	0.0240*** (3.43)	0.0008 (1.51)	0.0729*** (57.35)	-0.0000 (-0.02)
Lev	0.0045 (1.14)	0.4318*** (8.29)	0.0057 (1.42)	-0.0953*** (-10.08)	0.0055 (1.37)
Size	-0.0020*** (-3.14)	-0.0243*** (-2.85)	-0.0021*** (-3.24)	0.0404*** (26.09)	-0.0025*** (-3.53)
Age	-0.0003** (-2.12)	0.0026 (1.38)	-0.0003** (-2.07)	-0.0077*** (-22.10)	-0.0002 (-1.50)
Fcf	-0.0248*** (-6.41)	0.2301*** (4.56)	-0.0241*** (-6.24)	0.0647*** (7.07)	-0.0254*** (-6.55)
Idsize	-0.0227* (-1.74)	-0.1153 (-0.68)	-0.0230* (-1.77)	0.0312 (1.01)	-0.0231* (-1.77)
截距项	0.0977*** (6.96)	1.0294*** (5.61)	0.1005*** (7.14)	-0.5560*** (-16.70)	0.1035*** (7.16)
F	57.7756	28.9763	52.6074	513.2165	52.2990
Adj-R2	0.1001	0.0520	0.1010	0.5009	0.1004
N	4595	4595	4595	4595	4595

注：列（1）为股权激励对非效率投资的回归结果；列（2）和列（5）分别为股权激励对第一类代理成本、第二类代理成本的回归结果；列（3）和列（6）分别为控制了第一类代理成本、第二类代理成本后股权激励对非效率投资的回归结果。括号为对应 t 值，***、**、*分别为1%、5%和10%下的显著性水平。

2. 替换股权激励指标

用高管持股虚拟变量作为股权激励的替代变量，借鉴丑建忠和黄志忠（2008）对股权激励的定义，若高管持股比例大于0，为实施了股权激励，赋值为1；若高管持股比例为0，为未实施股权激励，赋值为0。采用新的股权激励变量重新对文中模型进行回归分析，主要结论没有发生改变，回归结果见表6-10。

表 6-10　稳健性检验：股权激励指标的替换

指标	(1) Ineff	(2) Tat	(3) Ineff	(5) Crp	(6) Ineff
Ggcg	-0.003***	0.033**	-0.003***	-0.024***	-0.003***
	(-3.69)	(2.30)	(-3.59)	(-9.86)	(-3.50)
Tat			-0.003***		
			(-4.06)		
Crp					0.007*
					(1.66)
Grth	0.019***	0.245***	0.020***	0.011***	0.019***
	(14.38)	(11.80)	(14.78)	(2.96)	(14.33)
Lnsz	0.000	0.019***	0.000	0.071***	-0.000
	(0.79)	(3.51)	(0.94)	(79.04)	(-0.45)
Lev	-0.005*	0.524***	-0.003	-0.088***	-0.004
	(-1.87)	(13.66)	(-1.28)	(-13.36)	(-1.62)
Size	-0.001**	-0.024***	-0.001***	0.040***	-0.001***
	(-2.45)	(-3.96)	(-2.62)	(38.69)	(-2.90)
Age	-0.001***	0.005***	-0.001***	-0.008***	-0.001***
	(-11.16)	(3.52)	(-11.01)	(-35.56)	(-9.88)
Fcf	-0.017***	0.227***	-0.017***	0.051***	-0.018***
	(-6.90)	(5.81)	(-6.65)	(7.61)	(-7.01)
Idsize	-0.026***	-0.401***	-0.027***	-0.027	-0.026***
	(-3.24)	(-3.22)	(-3.37)	(-1.26)	(-3.21)
截距项	0.077***	1.048***	0.080***	-0.523***	0.080***
	(9.10)	(7.96)	(9.41)	(-23.21)	(9.24)
F	60.394	55.369	55.601	1119.662	54.001
Adj-R2	0.049	0.045	0.051	0.493	0.049
N	9196.000	9196.000	9196.000	9196.000	9196.000

注：列（1）为股权激励对非效率投资的回归结果；列（2）和列（5）分别为股权激励对第一类代理成本、第二类代理成本的回归结果；列（3）和列（6）分别为控制了第一类代理成本、第二类代理成本后股权激励对非效率投资的回归结果。括号为对应 t 值，***、**、* 分别为 1%、5%和 10%下的显著性水平。

6.4 本 章 小 结

股权激励对企业投资效率的影响可能存在着复杂的传导路径。在对股权激励进行非效率投资影响机理分析的基础上，我们认为股权激励可通过降低企业两类代理成本，进而抑制企业非效率投资行为，即两类代理成本在股权激励对非效率投资的作用路径中发挥着中介效用，本章运用经验数据对此进行了实证考察。研究结果表明：

(1) 在我国上市公司中，两类代理冲突均会导致企业出现投资非效率问题；

(2) 总体上，股权激励对非效率投资有显著负相关关系，同时股权激励能够显著影响两类代理成本；

(3) 股权激励对投资效率的影响是通过两类代理成本中介作用实现的，换句话说即股权激励能够通过影响企业代理成本，进而抑制企业非效率投资。

第7章

双重委托代理下股权激励与企业业绩

以往学者在研究股权激励对企业业绩影响时多采用实证研究的方法，且得出了并不一致的结论。Yin（1994）指出纵向单案例研究法能够反映被研究案例变量之间的内在关系。因此，本章采用案例研究的方法揭示股权激励、双重委托代理成本以及企业业绩之间的关系。另外，股权激励对企业业绩的影响同时受企业产权性质、股权激励设计方案的影响，而上海家化联合股份有限公司（以下简称“上海家化”）在2006—2016年实施了三次股权激励，且企业在2012年进行了改制，由国有企业转变为民营企业，此案例股权激励进程更加丰富，能较好地揭示股权激励的实施效果。因此，本章以上海家化为研究对象进行剖析。

7.1 上海家化案例介绍

7.1.1 上海家化发展简介

上海家化成立于1898年，其前身为上海家化有限公司，1999年10月18日公司转制成为上海家化联合股份有限公司，由原投资方上实日用化学品控股有限公司、上海家化（集团）有限公司、上海工业投资（集团）有限公司、福建恒安集团有限公司、上海广虹（集团）有限公司和上海惠盛实业有限公司六方作为发起人。上海家化属于国内日化龙头企业，其作为国内化妆品行业首家上市企业，拥有“佰草集”“六神”“美加净”“高夫”及“双妹”等家喻户晓的品牌，是国内日化行业中少有的能与跨国公司开展全方位竞争的本土企业。

上海家化经中国证券监督管理委员会2001年2月6日颁发的证监发行字（2001）20号批准，公司向社会公开发行人民币普通股8000万股。2006年

7 月顺利完成股权分置改革，上海家化（集团）有限公司成为大股东，受上海市国资委管辖。2008 年，在上海市出台《关于进一步推进上海国资国企改革发展的若干意见》的背景下，上海家化计划进行国资退出，2010 年年底在上海市国资委的主持下开始筹备改制，2011 年 11 月上海平浦投资有限公司受让股权，成为上海家化控股股东。上海家化的重大事件见表 7-1。

表 7-1 上海家化的重大事件

时间	重大事件
1898 年	香港广生行有限公司成立并于 20 世纪 30 年代在沪建厂
1903 年	清光绪二十九年（1903），在上海南京路成立了上海广生行
1956 年	上海全面实行公私合营，广生行有限公司沪厂吸收数家化学品厂后更名为“公私合营广生行制造厂”
1992 年	“上海家用化学品厂”改制为“上海家化联合公司”
1996 年 1 月	上海家化有限公司成立
1999 年 10 月	上海家化联合股份有限公司成立
2006 年	上海家化联合股份有限公司完成股权分置改革，回购了上实日化等三家股东的股份，上海家化（集团）有限公司成为上海家化唯一大股东
2011 年	上海家化集团国资体制改革完成，100%股权转让给上海平浦投资有限公司

资料来源：根据公司公告整理。

7.1.2 上海家化股权激励实施进程

自 2006 年起，隶属上海市国资委的上海家化开始尝试推行股权激励计划。2006 年 7 月 25 日，上海家化披露其首次股权激励计划。该计划经两次修订后，得到上海市国资委的认可，2008 年 1 月 12 日经股东大会审议通过后开始实施（表 7-2）。

表 7-2 上海家化第一次股权激励进程

内容	草案（2006 年 7 月）	最终实施方案（2008 年 1 月）
激励方式	限制性股票	限制性股票
激励数量	1600 万股，占总股本 9.13%	560 万股，占总股本 3.2%
激励人数	103 人	175 人，占总员工的 18%
授予价格	在该激励计划草案摘要公布日前 90 个交易日（不含公布日）的收盘价的简单算术平均值×90%；取值：8.94 元/股	在该激励计划草案摘要公布日前 90 个交易日（不含公布日）的收盘价的简单算术平均值×90%；取值：8.94 元/股

（续）

内容	草案（2006 年 7 月）	最终实施方案（2008 年 1 月）
行权条件	2006—2008 年：扣非净利润分别≥6173 万元、7408 万元、8888 万元	2007 年净利润≥9220 万元，2007 年扣非净利润≥8448 万元，ROE≥10%
限制条件	分 3 次授予，禁售期 6 个月	一次性授予，禁售期 2 年，解锁期 3 年

从表 7-2 中可以看出，2008 年实施的股权激励方案与 2006 年草案相比做出了很大突破，授予价格虽仍为 8.94 元/股，激励股数却下降了65%，且在行权条件上只对 2007 年业绩做出考核要求。在限制条件上，股票禁售期由 6 个月变为 2 年，解锁期为 3 年，较草案对高管转让股权不得超过总股本的 25%，此处解锁期内 3 个解锁日可申请解锁股票数量更改为获授股票数量的 40%、30%、30%。

2011 年年底，上海市国资委将其持有的上海家化 100%股权转让给中国平安集团的子公司平浦投资，相关的工商登记变更手续于 2012 年 2 月 16 日完成。2012 年 4 月，变身为非国有企业的上海家化推出了第二轮股权激励计划（表7-3）。

表 7-3　上海家化第二次股权激励进程

内容	草案（2012 年 4 月）	通过（2012 年 6 月）
激励方式	限制性股票	限制性股票
激励数量	2840 万股（其中 280 万股为预留股），占总股本的 6.71%	2540.5 万股（预留股删去），占总股本的 6.01%
激励人数	共 398 人，占总员工的 38%	共 395 人，占总员工的 37.7%
授予价格	授予价格为 16.41 元/股	授予价格为 16.41 元/股
行权条件	2012—2014 年：ROE≥15%；以 2011 年为基准扣非净利润增长≥25%、56%、95%	2012—2014 年：ROE≥18%；以 2011 年为基准扣非净利润增长≥25%、56%、95%
限制条件	禁售期：自授予日起 12 个月；解锁期：3 年，按所获限制性股票总量的 40%、30%和 30%分三期申请解锁	禁售期：自授予日起 12 个月；解锁期：3 年，按所获限制性股票总量的 40%、30%和 30%分三期申请解锁

由表 7-3 可见，2012 年 6 月获准通过的股权激励计划在 2012 年 4 月草案的基础上做了部分修改，激励总股数由 2840 万股降至 2540.5 万股，占总股本的 6.01%，授予价格没有改变，仍为 16.41 元/股，激励人数由 398 人改为

395 人，且把之前预留的股份也予以删除。行权条件是：2012—2014 年扣非净利润增长较 2011 年分别不低于 25%、56%、95%，对净资产收益率的要求也变高，从 2012—2014 年净资产收益率不低于 15%变成 18%。限制条件方面，禁售期和解锁期未做改变。

2013 年葛文耀离开，由终极控股股东推荐的候选人谢文坚接任董事长，原来管理团队的人在 2014 年相继离开。随着创业"元老级"董事长及其团队的退出，2013—2014 年上海家化的核心管理层和董事会成员发生了较大的变化。控股股东在拥有公司的实质控制权后，于 2014 年 4 月 10 日和 2015 年3 月 17 日、19 日相继推出了针对董事长的股票增值权激励计划和除董事长以外的管理层股权激励计划，统称为上海家化第三次股权激励计划（表 7–4）。

表 7–4 上海家化第三次股权激励计划

内容	2014 年董事长股票增值权激励计划	2015 年管理层股权激励计划
激励方式	股票增值权	股票期权+限制性股票
激励数量	首期授予 484 653 份，第二期和第三期授予数量所对应的虚拟股票总价值不低于首期授予时股票增值权所对应的虚拟股票总价值	限制性股票 179.82 万份，占总股本 0.2674%；股票期权 80.80 万份，占总股本 0.1202%
激励人数	董事长谢文坚 1 人	公司高级管理人员 5 人，中层管理人员及核心骨干 328 人，合计 333 人，占员工总数的 21.87%
授予价格	首期，在董事会审议通过该方案之日前 30 个交易日的平均收盘价，取值为 34.4 元；第二期和第三期，在授予日前 30 个交易日的平均收盘价	限制性股票：在该激励计划草案摘要公布前 20 个交易日的均价×50%，取值为 19.61 元；股票期权：在该激励计划草案摘要公布前一个交易日的收盘价与前 30 个交易日的平均收盘价中较高者，取值为 42.04 元/股
行权条件	以 2013 年为基准，2014 年、2015 年、2016 年营业收入增长率不低于 16%、37%、64%	2015—2017 年：ROE≥18%；以 2013 年为基准的营业收入增长率不低于 37%、64%、102%
限制条件	首期、第二期和第三期的等待期分别为 3 年、2 年和 1 年，有效期 6 年	禁售（等待）期为 1 年，授予日起 4 年内分三期解锁/行权解锁比例分别为 33%、33%、34%

从表 7–4 可见，第三次股权激励计划分为董事长股票增值权激励计划和管理层股权激励计划。对董事长谢文坚进行的长期激励选择了股票增值权，该种股权激励方式无须支付现金进行实际买卖，享有以现金结算的二级市场股价

和行权价格之间的差价收益，且行权条件较为宽松，可见该股权奖励更具有福利的性质。对管理层进行的股权激励计划分为股票期权和限制性股票两部分，共计激励对象为333人，涉及股票合计占总股本的0.3876%，股票期权的行权价格为42.04元/股，限制性股票则为19.61元/股，两种计划禁售期均为1年，激励对象应在授予日起4年内分三期行权解锁。与2012年的激励方案相比，行权条件对ROE的要求没有做出变动，但只有2015—2017年的营业收入以2013年业绩为基准达到相关增长幅度方可行权。此外，第三次股权激励还实施了员工持股计划，对于10%左右员工，上海家化每年拿出5%左右工资为其购置股票，可见此次双股权激励的目的在于聚集人心（表7-5）。

表7-5　三次股权激励计划比较

内容	比较	
激励数量	第一次	560万股，占总股本3.2%
	第二次	2540.5万股，占总股本6.01%
	第三次	董事长股票增值权48.46万股（首期）；限制性股票179.82万份，占总股本0.2674%；股票期权80.80万份，占总股本0.1202%
激励对象	第一次	高管7人，中层管理及核心骨干168人，共175人
	第二次	高管7人，中层管理及核心骨干388人，共395人
	第三次	董事长1人，高管5人，中层管理及核心骨干328人，员工1183人
激励方式	第一次	限制性股票
	第二次	限制性股票
	第三次	董事长：股票增值权；管理层：股票期权+限制性股票
业绩条件	第一次	授予条件：2007年净利润≥9220万元，扣除非经常性损益后的净利润≥8448万元；解锁条件：上一年度ROE≥10%
	第二次	解锁条件包括2012—2014年度加权平均ROE≥18%以及以2011年为基准，2012—2014年扣非净利润增长率≥25%、56%、95%
	第三次	董事长激励计划：与2013年相比，2014—2016年营业收入增长率≥16%、37%、64%。特别条款：无论是否达到绩效考核目标，应至少保留首期授予股票增值权的1/3； 管理层激励计划：与2013年相比，2015—2017年营业收入增长率≥37%、64%、102%以及2015—2017年加权平均ROE≥18%

由表7-5可见，从激励数量上看，第二次股权激励力度和第三次股权激励力度比第一次股权激励显著增大。这主要是因为在进行第一次股权激励时上

海家化由上海市国资委控制，在企业性质上属国有企业，面临的政策限制更加严格，因此激励数量有所控制。而在第二次股权激励和第三次股权激励时，上海家化进行了改制，由平安控股变为民营企业，受到的约束限制减少，激励力度有所加大。从激励对象上看，激励人数逐步增加，前两次激励对象主要是中高层管理人员和核心骨干，事实上第二次股权激励涉及了更多的激励对象，管理层的激励份额有较大幅度的下降，而核心技术（业务）人员的激励份额则显著提高，第三次股权激励则对员工也进行了股权激励，激励范围逐步扩大。从激励方式上看，前两次都采用限制性股票的模式，在第三次股权激励中，上海家化针对不同的激励对象采用了更多元的激励方式，对董事长采用股票增值权，对管理层和核心员工采用股票期权与限制性股票的方式。从业绩条件上看，与第一次股权激励计划相比，第二次股权激励计划从加权平均净资产收益率和年度净利润增长率两方面来设置业绩考核条件，需要同时满足两个条件才可对限制性股票进行解锁，且对于加权平均净资产收益率要求更加严格。在第三次股权激励计划中，对董事长进行的股票增值权激励由于有最低授予的特殊规定，行权条件相对宽松；而对管理层进行的股权激励除了对加权平均资产收益率有要求外，增加了营业收入增长率的考核指标，行权条件仍然比较严格。

7.2 股权激励的实施对双重委托代理关系的影响

上海家化进行的三次股权激励是在不同的所有制情况下实施的。股权激励设计的动机不同，其计划也存在很大差异，进而会对不同时期的委托代理关系造成不同程度的影响。

7.2.1 股权激励对委托代理关系影响的理论分析

1. 第一次股权激励对委托代理关系的影响

上海家化在实施第一次股权激励时，最初的动机是缓解第一类代理成本，避免人才流失并提升企业业绩。但是在实施的过程中，由于管理层“内部人控制”现象比较突出，时任上海家化董事长的葛文耀是公司的灵魂人物和“指挥家”，而作为终极控股股东的上海市国资委采取放权式管理，给予了管理层较大的自主经营权。此时，在控股股东和“元老级”管理层的权力博弈中，管理层更易获得公司的实质控制权，导致管理层权力占主导。根据Bebchuk和Fried（2003）的理论，管理层的权力占主导容易导致其自定薪酬，而股东的监督作用有限甚至无效。最终，上海家化第一次股权激励计划设计更偏向于管理层的自利行为，具有福利性质，即第一次股权激励对第一类代理成本和第二类代理成本预期没有显著影响。

2. 第二次股权激励对委托代理关系的影响

2012年4月，在上海家化推出第二次股权激励计划时，上海家化已经完成所有制改变，此时上海家化已经是民营企业，终极控股股东为平安集团。虽然控股股东发生了变化，但在短期内对其董事会和管理层并没有造成很大的影响。在推出第二次股权激励计划时，公司的董事会成员并没有发生变化，而且平安集团作为新的控股股东尚未在董事会中占有席位，在短期内的掏空动力和能力不足。控股股东虽然在董事会中没有席位，但是可以利用在股东大会上的表决权对公司重要事件产生影响，从而约束管理层的行为，这将形成控股股东-管理层权力制衡的局面。因此，第二次股权激励设计的动机更可能是控股股东通过激励管理层来弥补其监督不足，以缓解第一类代理问题。另外，从第二次股权激励的计划可以看出，此次计划从激励对象和激励力度上的变化都比较大，是股东与管理层双方协商的结果，管理层也期望通过股权激励牵制大股东，降低第二类代理成本。因此，第二次股权激励预期对双重代理关系都造成了影响，但对第一类代理成本的影响更为明显。

3. 第三次股权激励对委托代理关系的影响

2013—2014年随着葛文耀等创业元老级董事长及其团队的退出，上海家化的核心管理层和董事会成员发生了较大的变化。2013年11月，由终极控股股东平安信托推荐的候选人谢文坚接任董事长和薪酬考核委员会委员，这标志着控股股东在董事会中的权力提升。申明浩（2008）指出控股股东通过挖掘隧道而转移资源的掏空能力随着在董事会中的权力增大而增强。另外，随着股权结构的变化，控股股东现金流权与控制权的分离程度上升，终极产权理论认为控股股东的现金流权与控制权的分离是其侵占中小股东利益、掏空上市公司的原动力（La Porta等，1999），因此，在上海家化推出第三次股权激励时，控股股东的掏空动机和能力显著增强。基于此，尽管在推行第三次股权激励时，大股东与中小股东之间的第二类代理问题更加凸显，但由于大股东与管理层之间的合谋，此次股权激励能够影响第一类代理关系，并不能很好地缓解第二类代理冲突。

7.2.2 股权激励对委托代理成本的影响

1. 上海家化实施股权激励后对第一类代理成本的影响

参考前人（Ang等，2000；Singh等，2003；箫松华和王院民，2015等）的做法，本章采用管理费用率和总资产周转率两个指标来反映第一类代理成本。管理费用率用于反映经理由于过度在职消费所引起的浪费，管理费用率越高，说明管理层越有可能通过在职消费牟取个人私利，第一类代理成本越高，反之，则越低；总资产周转率是用效率损失作为替代变量表示代理成本的方法，它反映由于经理的错误决策或工作懒惰而导致对资产的低效率使用而引起的代理成本，是一种反向指标，总资产周转率越低，第一类代理成本越高；反之，则越低。

由图 7-1 可以看出，上海家化在 2006—2016 年整体呈上升趋势，具体分析：2006 年第一次股权激励草案公布后，管理费用率呈现一定幅度的下降，但在 2008 年最终推行股权激励计划后，管理费用率出现小幅上升，2010 年出现下降，但是 2011 年后又呈现上升态势，与推行股权激励前相比，管理费用率不降反升。对此，虽然上海家化做出了解释，称由于 2008 年股权激励成本计入管理费用，使当年管理费用增幅达到 20%，但总体上依然可以得出第一次股权激励实施后管理层包括在职消费在内的管理费用控制率并没有得到明显改善的结论。2012 年第二次股权激励实施后，管理费用率呈现先升后降的趋势，2013 年管理费用率提高的原因在于上海家化所有制转型，高管薪酬大幅上升。整体来看，第二次股权激励的实施降低了第一类代理成本。2015 年第三次股权激励后，上海家化的管理费用率明显提升，考虑到上海家化当时的治理结构，公司大股东能够实现对高管有效的监控，管理层与股东间的第一类代理成本本来就不高，股权激励设计的目的更多是给管理层的福利。

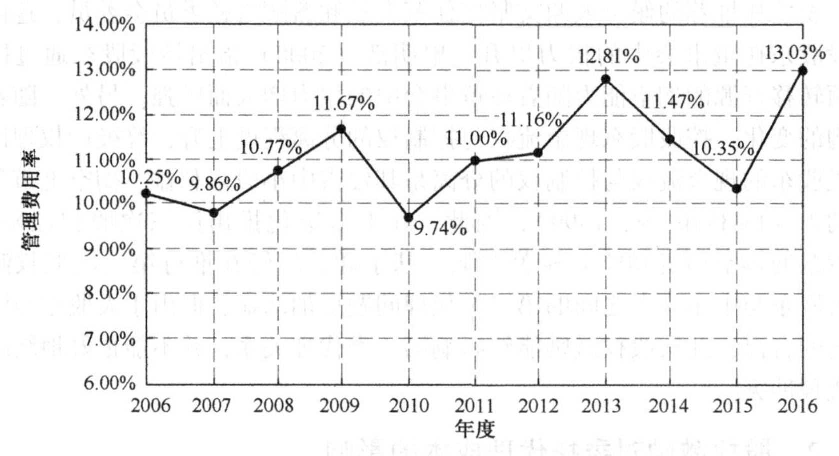

图 7-1　2006—2016 年上海家化管理费用率

另外，如果上市公司中管理层与股东间代理冲突严重，即使不能从经营投入方面为自己牟取私利，也可以用投资不当、偷懒懈怠等消极行为来回应，由此造成资产的无效使用。图 7-2 对比了 2006—2016 年股权激励实施后上海家化总资产周转率的变化。

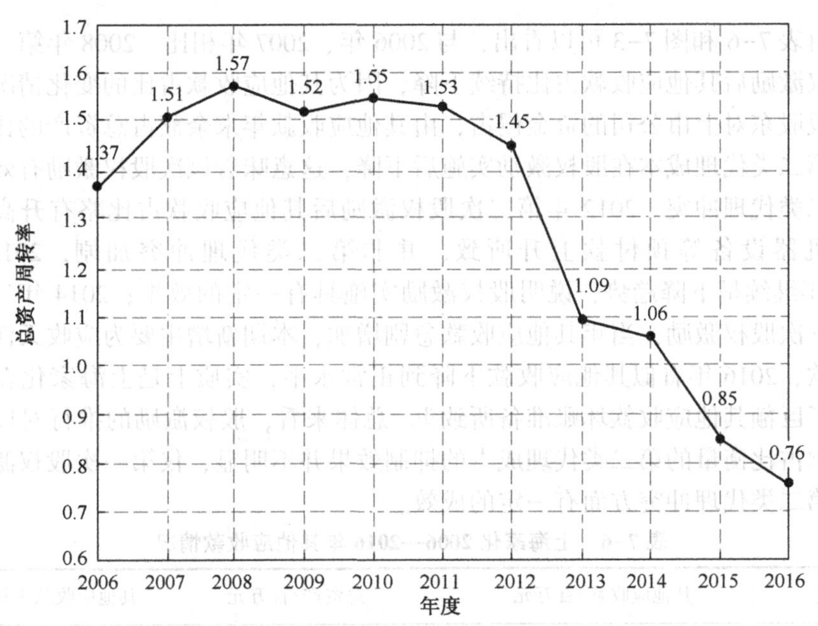

图 7-2　2006—2016 年上海家化总资产周转率的变化

由图 7-2 可以看出，在 2008 年第一次激励计划下上海家化的总资产周转率有升有降，但波动幅度很小，说明运用资产的效率并没有多少提升，反映出企业能较合理地运用企业资产，似乎并没有受到首次股权激励的影响。2012 年第二次股权激励后，总资产周转率显著下降，其中 2012 年、2013 年分别下降 5.23%、24.83%，后几年一直呈现下降趋势，说明在民营企业背景下，股权激励的实施没有能够缓解第一类代理冲突，企业资产的综合利用水平较低。2014 年、2015 年第三次激励计划实施后，上海家化的总资产周转率略微下降，说明新的激励政策对公司第一类代理成本也没有显著影响。由于总资产周转率与第一类代理成本呈反向关系，因此，总体来看上海家化的股权激励增加了第一类代理成本。

2. 上海家化实施股权激励后对第二类代理成本的影响

在股权集中的上市公司，重大股东或控股股东与中小股东的代理矛盾逐渐压过股东与管理层的利益冲突成为首要矛盾。上海家化是典型的大股东绝对控股的上市公司，尤其在平安控股、谢文坚任董事长之后，控股股东与中小股东间的第二类代理问题更为突出。本章将选取其他应收款占比①和关联交易金额占比②两个指标来研究上海家化股权激励实施后对第二类委托代理冲突的影响。

由表7-6和图7-3可以看出，与2006年、2007年相比，2008年第一次推行股权激励后其他应收款占比持续下降，因为其他应收款占比的变化情况体现了控股股东对上市公司的资金侵占，由其他应收款年末余额占总资产的比例来衡量第二类代理成本在股权激励实施后下降，这意味着该次股权激励有效缓解了第二类代理冲突。2012年第二次股权激励后其他应收款占比略有升高，主要由机器设备等预付款上升所致，并非第二类代理冲突加剧，2013年、2014年继续呈下降趋势，说明股权激励实施具有一定的效果；2014年、2015年第三次股权激励，当年其他应收款急剧增加，本期新增主要为应收天江股权转让款，2016年看似其他应收款下降到正常水平，实质上是上海家化在当年计提了巨额其他应收款坏账准备所致③。总体来看，股权激励的推行对以其他应收款占比衡量的第二类代理成本的抑制效果并不明显，仅第一次股权激励在缓解第二类代理冲突方面有一定的成效。

表7-6 上海家化2006—2016年其他应收款情况

年度	其他应收款/百万元	总资产/百万元	其他应收款占比/%
2006	63.55	1549.55	4.10
2007	46.98	1480.50	3.17
2008	16.99	1685.85	1.01
2009	17.22	1863.65	0.92
2010	19.92	2122.34	0.94

① Lee和Xiao（2005）等学者提出：控股股东代理行为的具体表现如关联交易、担保贷款和资金占用等，可用来衡量控股股东的代理成本。参考徐向艺和徐宁（2010）、魏志华等（2012）的做法，采用其他应收款占比来反映控股股东对上市公司资金侵占程度，具体用其他应收款年末余额占总资产的比例，其值越高，第二类代理冲突越严重；反之，第二类代理成本越低。

② 吕长江和周县华（2005）指出控股股东利用多种方式攫取利益，内部人除了从公司直接窃取利润，还可以通过关联交易输送利益。本章参考薄宇飞（2012）的做法，用关联交易金额占总资产比例来计量大股东通过关联交易对上市公司资金侵占程度。

③ 2016年12月31日，应收上海双妹实业有限公司等集团子公司往来款项共计124060000.00元。因集团公司经营不善，公司认为这部分款项无法收回，全额计提坏账准备。

（续）

年度	其他应收款/百万元	总资产/百万元	其他应收款占比/%
2011	22.97	2546.78	0.90
2012	37.10	3646.87	1.02
2013	22.80	4520.22	0.50
2014	24.96	5533.63	0.45
2015	413.15	8159.39	5.06
2016	101.60	7632.45	1.33

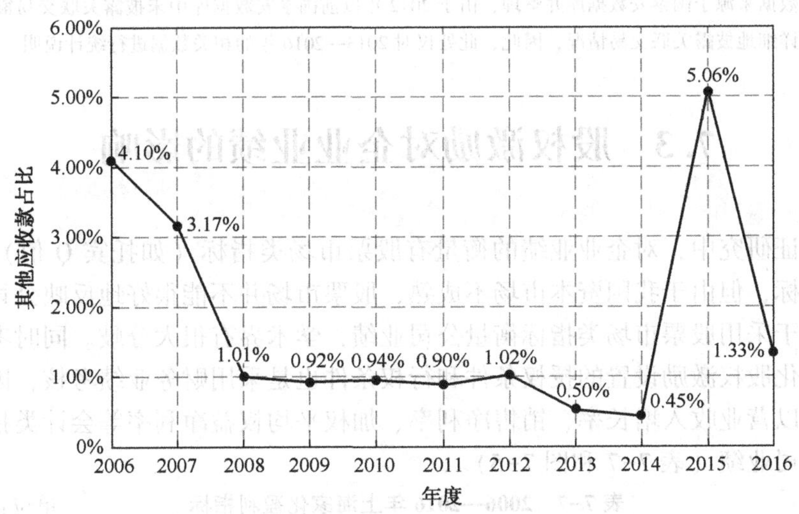

图7-3 2006—2016年上海家化其他应收款占比趋势

由图7-4可以看出，第二次股权激励后的2013—2014年，上海家化的关联交易额较稳定，关联交易额占比略有下降。第三次股权激励后的2016年关联交易额及其占比急剧升高，可以认为股权激励对以关联交易衡量的第二类代理成本没有良好的缓解效果。

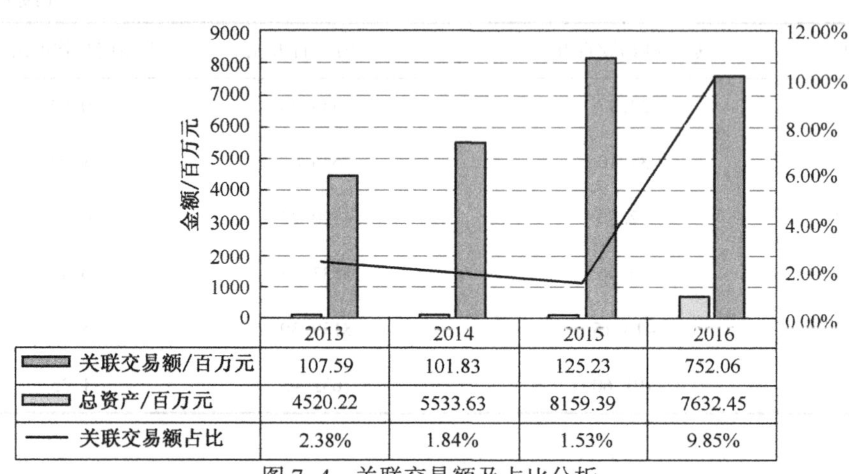

图 7-4 关联交易额及占比分析

注：数据来源于国泰安数据库并整理，由于2012年以前国泰安数据库中未披露关联交易额且年报中未完整详细地披露关联交易情况，因此，此处仅对2013—2016年的相关数据进行统计说明。

7.3 股权激励对企业业绩的影响

实证研究中，对企业业绩的衡量有股票市场类指标（如托宾Q值）和会计类指标，但由于我国资本市场不成熟，股票市场并不能很好地反映公司的业绩，对于采用股票市场类指标衡量公司业绩，学术界有很大分歧。同时考虑到上海家化股权激励设置的授权条件和行权条件也是采用财务业绩考核，因此本章选择以营业收入增长率、销售净利率、加权平均权益净利率等会计类指标来衡量公司业绩（表7-7和图7-5）。

表 7-7 2006—2016 年上海家化盈利指标 单位：%

年度	营业收入增长率	销售净利率	加权平均权益净利率
2006	10.79	2.39	9.24
2007	-0.58	4.69	16.56
2008	10.29	7.19	18.85
2009	8.17	8.37	19.43%
2010	14.71	8.67	19.87
2011	15.60	9.66	22.33

（续）

年度	营业收入增长率	销售净利率	加权平均权益净利率
2012	25. 93	13. 80	27. 77
2013	11. 74	17. 49	24. 89
2014	19. 38	16. 40	26. 53
2015	9. 58	13. 98	46. 50
2016	-8. 98	4. 06	3. 88

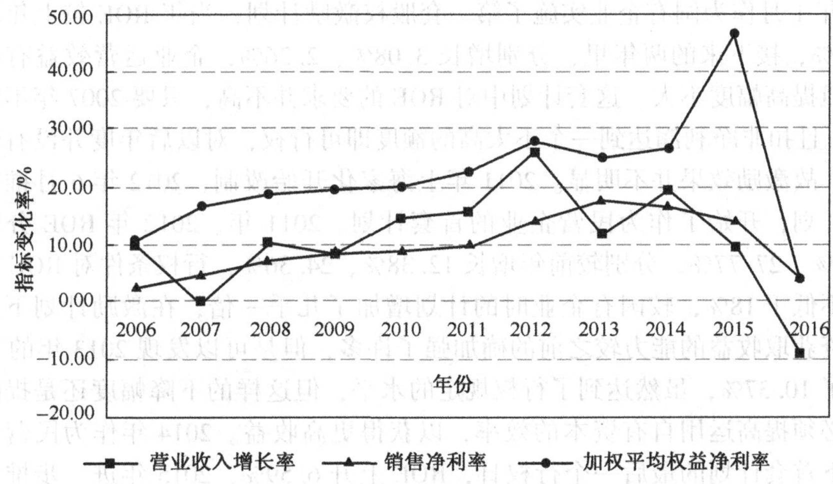

图 7-5　2006—2016 年上海家化各盈利指标变化率

由表 7-7 和图 7-5 可以发现，面对 2008 年剧烈波动的市场环境，上海家化的营业收入增长率在当年呈现上升趋势，在 2012 年达到最高点 25. 93%，2012 年后虽然营业收入增长率呈现下降趋势，但仍然大于零，说明上海家化的营业收入保持增长的态势。但是第三次股权激励后的 2016 年公司营业收入大幅下降，主要是由于上海家化代理花王业务接近尾声，同时整体经济发展放缓，尤其是传统销售渠道商超和百货增速影响更大。

由图 7-5 中销售净利率的变化趋势可以发现，销售净利率总体保持上升趋势，虽然上海家化销售净利率在 2006 年就一直保持增长，可是 2008 年激励计划实施后，销售净利率较上年增长 53. 30%，达到 7. 19%，可以看出股权激励为企业带来了一定动力去扩大销售，同时保证了盈利水平的提高，但只是除了 2008 年计划刚提出时增长幅度比较大，后劲并不足。直到 2012 年民营企业激励计划实施，在原本已经有所提高的情况下，销售净利率又增长了42.86%，达到13.8%，2013年增长至17.49%。尤其可以看出，在2013年、2014年两个行权日，上海家化的销售净利率明显提高。2014年、2015年，上海家化推出新的激励计划，上海家化通过民营企业的背景转化，使企业员工自主性、积极性变得更高，销售的盈利能力较国有企业时期更强。而且企业保持良好的持续增长的趋势，更是证明企业财务状况良好。相对自由的发展空间，使民营企业在股权激励计划下，能进一步有机地改善经营管理、扩大销售，进而提高盈利水平。

通过分析上海家化2006—2016年的加权平均权益净利率ROE可以发现，2008年1月作为国有企业实施了第一套股权激励计划，当年ROE较上年增长13.21%，接下来的两年里，分别增长3.08%、2.26%，企业运营效益有所提升，但提高幅度不大。这套计划中对ROE的要求并不高，只要2007年不低于10%，且扣非净利润达到一个不太高的额度即可行权，对以后年度并没有做何要求，故激励效果并不明显。2011年上海家化开始改制，2012年6月推行的激励计划，开始了作为民营企业的首套计划。2011年、2012年ROE分别为22.33%、27.77%，分别较前年增长12.38%、24.36%，行权条件对ROE的要求为不低于18%，较国有企业时的计划增加了几乎一倍，在激励计划下，企业投资获取收益的能力较之前的确加强了许多，但是可以发现2013年的ROE下降了10.37%，虽然达到了行权规定的水平，但这样的下降幅度还是提醒了企业必须提高运用自有资本的效率，以获得更高收益。2014年作为民营企业性质下首套计划的最后一个行权日，ROE上升6.59%，2015年进一步推出激励计划，ROE更是猛增75.27%，除了出售江阴天江药业带来的利润增加外，也说明该次股权激励的实施增加了上海家化通过自有资本获取净收益的能力的增加。2016年相关业绩指标大幅下降，2016年是上海家化的业务调整之年，由于代理花王业务接近尾声，公司的销售净利率和权益净利率显著下降。总体来看，第一次股权激励和第三次股权激励在促进企业业绩方面的作用不是很明显，第二次股权激励的实施对管理层有较好的激励作用，有效促进了企业业绩的提升。

7.4 本章小结

本章以上海家化为研究对象，采用案例研究的方法剖析了股权激励对双重委托代理成本及企业业绩的影响。2006—2016年上海家化实施了三次股权激励，每次股权激励实施的动机不同，设计的激励方案不同，企业所属的产权性质不同，对代理成本及企业业绩的影响也存在差异。第一次股权激励，对以管理费用率和总资产周转率衡量的第一类代理成本影响不明显，对第二类代理成本略有改善，对企业业绩有一定的改善，但是后劲不足；第二次股权激励是控股股东与管理层权衡的结果，对两类代理成本均有一定的缓解作用，对企业业绩的提高也非常显著；第三次股权激励对两类代理成本的影响呈现负面效果，不仅没有缓解两类代理成本，反而加剧了两类代理冲突，对公告当年业绩虽有一定的提升作用，但由于2016年上海家化业务进行调整，企业业绩大幅下滑。总之，股权激励对企业代理成本及企业业绩的影响是综合作用的结果，受企业的产权性质、股权激励设计的动机及方案内容的共同影响。

第8章 总结与展望

基于前几章关于双重委托代理下股权激励效应的理论和经验研究，本书认为，在企业中实施股权激励在一定程度上有助于公司投资效率的改善和企业经营业绩的提高，但股权激励的效果受股权激励设计方案及企业特征等的影响。要有效降低双重委托代理成本，发挥股权激励的治理效应，还需要从政策上对股权制度建设进行完善，加强资本市场的监管，在企业内部健全公司治理机制，合理设计股权激励方案，使股权激励真正具有激励性质。

8.1 主要研究结论

本书基于我国转型期上市公司股权结构较为集中，存在双重委托代理问题，且投资效率低下的客观事实，以双重委托代理下的投资效率为切入点，以股权激励的治理效应为展开分析的依据，将“股权激励-双重代理成本-投资效率”纳入统一的分析框架，从股东经营权分离、控制现金流权分离两个层面深入探讨了双重委托代理下股权激励对企业非效率投资的作用效果及影响机理，并以股权分置改革后2006—2014年企业公告实施股权激励的上市公司为研究样本，采用倾向得分匹配法和中介效应检验流程来验证股权激励对企业投资效率的内在影响机理，并考察两类代理成本在这一影响关系中的作用，并采用案例研究法剖析股权激励对代理成本和企业业绩的影响。本书理论分析和实证检验的主要结论如下。

（1）与未实施股权激励的企业相比，股权激励的实施能够有效改善企业的非效率投资行为，且对投资过度的抑制效果更加显著；不同股权契约结构对企业投资效率的影响存在差异，如与股票激励相比，期权激励对企业非效率投资的抑制作用更加显著，股权激励期限越长，对非效率投资的抑制效果越好，但企业非效率投资水平并未随股权激励水平的提高而得到显著降低。

（2）股权激励对投资效率的影响受企业特征的调节，如股权激励对民营企业非效率投资的抑制作用更加显著；股权较分散的企业中，股权激励的作用效果更加显著；与保护性行业相比，股权激励在竞争性行业中更能发挥治理效果。

（3）经理层与股东之间利益目标的不同产生的第一类代理冲突，从负面影响了企业的投资效率；大股东或控股股东利用其所拥有的控制权侵占中小股东利益所产生的第二类代理问题，也对上市公司的投资效率产生副作用。

（4）股权激励的实施能够把股东利益与公司利益紧密联系在一起，缓解第一类代理冲突。同时，股权激励对第二类代理问题也有一定的治理效果，通过对高管进行股权激励，能够促使高管坚持正确决策的行为，减少与大股东合谋的动机，从而增加大股东"掏空"公司的难度，抑制第二类代理冲突。

（5）股权激励对企业投资效率的影响一部分是通过直接效应实现的，还有一部分是通过对第一类代理问题和第二类代理问题的缓解而引起的，也即是说两类股权代理成本在股权激励影响上市公司非效率投资的过程中发挥显著的中介作用，股权激励能够通过降低两类代理成本，进而提高企业投资效率。

（6）股权激励对代理成本和企业业绩的激励效果受企业产权性质、股权激励设计动机及方案内容的影响，通常来说民营企业比国有企业的股权激励效果好。若股权激励设计动机是激励性质，则产生较好的激励效果；若是福利性质，则并不能通过缓解企业代理成本，提高企业的业绩。

8.2 政策启示

上述的经验证据不仅丰富了股权激励的相关文献，而且具有一定的政策启示。

第一，完善股权制度建设。本书的结论表明股权激励的实施能够抑制企业的非效率投资，但影响效果受股权激励契约结构及企业异质性的影响。因此，从政策上完善和指导股权激励制度建设，使其发挥出治理效应是目前面临的一项重要议题。本书认为，就优化股权激励契约结构而言，首先，股权激励模式的选择应针对激励对象因人而异。目前我国资本市场上股票期权激励模式最受青睐，但由于股票期权与限制性股票两种方式在激励效果上具有显著差异，因此企业应根据自身实际情况对高管采用针对性的激励模式。其次，吕长江等（2009）研究发现，股权激励期限在5年以下的大多具有福利性动机，因此对股权激励有效期应明确规定，尽量避免有效期在5年以下的激励契约。最后，每个企业的管理者股权激励水平受各种复杂因素的影响，最优的激励水平是管理者成本收益均衡后的结果，因此在制订股权激励计划时应充分考虑公司异质性，避免采用“一刀切”的做法。

第二，健全内部治理机制。我国上市公司中大多数公司治理机制尚不健全，股权高度集中，控股股东、公司经营管理者及公司中小股东的效用函数、行为能力和方式均存在一定程度差异，存在双重委托代理关系，即大股东与经营者之间的利益冲突以及不同类型股东之间的代理矛盾在上市公司中并存。本书研究结论表明双重委托代理冲突会导致企业投资异化，因此，为了改善企业投资行为，需从公司自身方面完善其内部治理机制，从而提高股权激励制度在引导经理提高资源配置效率中的有效性。

第三，加强资本市场监管。由于代理成本在股权激励对投资效率的影响中具有中介效用，因此为了加强对股权激励下经理人行为的监督以及对大股东行为的制约，保障股权激励效用的有效发挥，需要完善的监管制度与股权激励制度相配套，同时需要监管部门在信息披露等方面对股权激励做出明确规定。

第四，明确股权激励的动机和目标，合理设置方案内容。理论上来说股权激励使用的目的是激励员工、降低代理成本，但是在实践中股权激励的效果取决于其设计动机是激励性质还是福利性质，另外股权激励方案内容的设置也直接影响股权激励的效果，科学合理地选择股权激励工具，并根据公司实际情况来确定激励对象、激励份额及行权条件等，以促使股权激励作用有效发挥。

8.3 创新点

本书创新之处在于以下三个方面。

第一，深化了股权激励对投资效率的影响机理。目前有关股权激励与投资效率的研究多从影响关系的层面进行，极少对股权激励对投资效率的作用机理给予分析。罗付岩和沈中华（2013）采用中介变量法，把“股权激励-代理成本-投资效率”纳入一个分析框架中，研究股权激励影响投资效率的作用机制，检验代理成本是否在股权激励与投资效率间发挥中介作用。但是，该研究仅基于股东经营者间的第一重代理问题。本书对双重委托代理关系下的股权激励效应的产生机理进行了分析，在内容上使股权激励对投资效率影响的研究更加全面，丰富了股权激励对投资效率影响的文献。

第二，扩展了有关股权激励效应的研究视角。目前有关股权激励效应的研究主要基于传统单一委托代理理论的视角，很少从大股东与中小股东代理冲突的层次进行考察。仅有黄健柏等①通过构建模型，从理论上对双重委托代理下股权激励的效应进行研究，尚未有文献进行实证检验。本书从两类代理冲突导致非效率投资的理论成因出发，在双重委托代理框架下实证分析了股权激励对投资效率的影响，扩展了有关股权激励效应的研究视角。

第三，采用倾向得分匹配（PSM）和中介效应检验来验证股权激励对非效率投资的影响及其作用机理，也为企业提高资源配置效率、优化投融资决策和完善公司治理结构提供了理论支持。

8.4 研究局限与未来研究方向

本书主要研究了高管股权激励对企业非效率投资以及企业业绩的影响，并验证两类代理成本在其中的作用机理，可能存在以下一些问题，并将成为未来进一步研究的方向。

首先，企业资源配置行为异常复杂，影响因素众多，本书主要从对高管股权激励的视角来分析股权激励对企业投资效率的影响，对影响因素的考虑尚不全面，也无法囊括全部。近些年，大量文献从行为金融学和心理学等角度来研究高管特征、投资者情绪等对企业资源配置效率的影响，未来可通过跨学科结合研究进一步深入探讨股权激励下的企业投资效率问题。

其次，股权激励对企业投资效率的影响是一个复杂的过程，本书仅验证了股权激励通过影响第一类代理冲突和第二类代理冲突进而抑制企业非效率投资的路径。事实上，股权激励影响企业投资效率的过程中还可能存在其他并行路径，留待未来进一步研究。

再次，本书分别研究了第一类代理成本、第二类代理成本在股权激励与企业投资效率中的作用效果，而没有把它们纳入一个模型中去。事实上，第一类代理冲突和第二类代理冲突同时存在于企业中，如何把两类代理成本纳入一个研究模型中去是下一步要进行的研究。

此外，在一些企业中不仅对高管实施股权激励，为了提高核心员工、技术骨干的工作积极性以及对公司的忠诚度，也会对员工进行股权激励，对员工股权激励效应的研究也是将来探索的方向。

---

① 黄健柏等（2013）借鉴F-S模型，将公平偏好理论融入纳入股权激励的双重委托代理理论框架中，通过概率化模型的参与约束条件进行理论分析。研究表明对经理人实施股权激励，一方面能够激励经理人努力工作；另一方面可以通过赋予经理人小股东身份，使其成为中小股东的代表，抑制大股东的侵占行为。

参考文献

薄宇飞，2012. 代理成本与盈余管理关系问题研究——基于我国上市公司的实证分析[D]. 杭州：浙江大学.

柴曼昕，2013. A 股上市公司高管股票期权激励收入与价值创造关系研究［D］. 广州：华南理工大学.

陈德球，李思飞，钟昀珈，2012. 政府质量、投资与资本配置效率［J］. 世界经济，35（3）：89-110.

陈冬华，陈信元，万华林，2005. 国有企业中的薪酬管制与在职消费［J］. 经济研究，（2）：92-101.

陈共荣，徐巍，2011. 大股东特征与企业投资效率关系的实证研究［J］. 会计之友，（1）：99-104.

陈红，杨凌霄，2012. 我国国有控股上市公司治理：现实困境及制度求解——基于双重委托代理理论的分析框架［J］. 当代经济研究，（3）：64-69+93.

陈家田，2014. 上市家族企业 CEO 薪酬激励实证研究——基于双重委托代理视角［J］. 管理评论，26（11）：159-168.

陈胜军，吕思莹，白鸽，2016. A 股上市公司股权激励方案实施效果影响因素研究［J］. 中央财经大学学报，（12）：121-128.

陈文强，贾生华，2015. 股权激励、代理成本与企业绩效——基于双重委托代理问题的分析框架［J］. 当代经济科学，37（2）：106-113+128.

陈效东，周嘉南，2014. 高管股权激励与公司 R&D 支出水平关系研究——来自 A 股市场的经验证据［J］. 证券市场导报，（2）：33-41.

程柯，孙慧，2012. 产权性质、管理层持股与代理效率——基于随机前沿模型的度量与分析［J］. 山西财经大学学报，34（10）：97-105.

程仲鸣，夏银桂，2008. 制度变迁、国家控股与股权激励［J］. 南开管理评论，（4）：89-96.

程仲鸣，夏银桂，2009. 控股股东、自由现金流与企业过度投资［J］. 经济与管理研究，（2）：19-24.

丑建忠，黄志忠，谢军，2008. 股权激励能够抑制大股东掏空吗？［J］. 经济管理，（17）：48-53.

崔萍，2006. 企业过度投资理论研究综述［J］. 经济经纬，（3）：130-132.

邓建平，曾勇，何佳，2007. 利益获取：股利共享还是资金独占？［J］. 经济研究，（4）：112-123.

邓健，2009. 双重治理关系的权衡分析［J］. 管理世界，（2）：172-173.

邓可斌，2006. 信息、委托代理、声誉与我国上市公司资金闲置［J］. 商业经济与管理，（7）：66-70.

窦炜，刘星，安灵，2011. 股权集中、控制权配置与公司非效率投资行为——兼论大股东的监督抑或合谋？［J］. 管理科学学报，14（11）：81-96.

杜丽虹，朱武祥，2003. 股票市场投机：公司资本配置行为与绩效——万科与新黄浦比较［J］. 管理世界，（8）：109-117.

冯根福，2004. 双重委托代理理论：上市公司治理的另一种分析框架——兼论进一步完善中国上市公司治理的新思路［J］. 经济研究，（12）：16-25.

冯根福，韩冰，闫冰，2002. 中国上市公司股权集中度变动的实证分析［J］. 经济研究，（8）：12-18+93.

巩娜，2014. 民营企业股权激励计划与研发投入关系分析［J］. 财经理论与实践，35（1）：96-102.

顾斌，周立烨，2007. 我国上市公司股权激励实施效果研究［J］. 会计研究，（2）：79-84+92.

郝颖，2010. 基于委托代理理论的企业投资研究综述［J］. 管理学报，7（12）：1863-1872.

郝颖，刘星，2011. 大股东自利动机下的资本投资与配置效率研究［J］. 中国管理科学，19（1）：167-176.

郝颖，刘星，伍良华，2007. 基于内部人寻租的扭曲性过度投资行为研究［J］. 系统工程学报，（2）：128-133.

何威风，梁志钢，2007. 基于双重委托代理的企业财权安排研究［J］. 经济与管理研究，（12）：17-21.

胡国强，2013. 高管股权激励、负债融资与企业投资行为研究［D］. 天津：天津财经大学.

黄健柏，徐珊，刘笃池，2013. 公平偏好下纳入股权激励的双重委托代理模型研究［J］. 软科学，27（5）：124-129.

黄珺，黄妮，2012. 过度投资、债务结构与治理效应——来自中国房地产上市公司的经验证据［J］. 会计研究，（9）：67-72+97.

黄欣然，2011. 盈余质量影响投资效率的路径——基于双重代理关系的视角［J］. 财经理论与实践，32（2）：62-68.

黄志忠，2012. 基于资源配置的公司治理策略分析——以 2006—2010 年上市的公司为例［J］. 会计研究，（1）：36-42+97.

姬超，2014. 投资效率与全要素生产率的变化趋势考察——基于中国经济特区的差异比较分析［J］. 财贸经济，（3）：91-99.

贾生华，陈文强，2015. 国有控股、市场竞争与股权激励效应——基于倾向得分匹配法的实证研究［J］. 浙江大学学报：人文社会科学版，45（5）：101-118.

简建辉，余忠福，何平林，2011. 经理人激励与公司过度投资——来自中国 A 股的经验证据［J］. 经济管理，33（4）：87-95.

姜付秀，伊志宏，苏飞，等，2009. 管理者背景特征与企业过度投资行为［J］. 管理世界，（1）：130-139.

蒋海，李赟宏，2008. 风险投资中的报酬激励问题——基于双重委托代理模型的分析［J］.

当代经济科学，(5)：118-122+128.

江伟，2005. 我国上市公司控制性股东掏空与支持行为的实证分析［J］. 经济科学，(2)：77-85.

介迎疆，杨硕，2012. 高管股权激励对企业投资水平的影响研究——一项来自高科技行业上市公司的证据［J］. 科技管理研究，32（20）：148-152.

李斌，2010. 上市家族企业的双重委托代理关系与企业绩效［J］. 财经问题研究，（11）：34-42.

李春红，王苑萍，郑志丹，2014. 双重委托代理对上市公司过度投资的影响路径分析——基于异质性双边随机边界模型［J］. 中国管理科学，22（11）：131-139.

李平，2004. 上市公司 CEO 薪酬激励研究［D］. 长沙：湖南大学.

李寿喜，2007. 产权、代理成本和代理效率［J］. 经济研究，(1)：102-113.

李维安，李汉军，2006. 股权结构、高管持股与公司绩效——来自民营上市公司的证据［J］. 南开管理评论，(5)：4-10.

李曜，2008. 股票期权与限制性股票股权激励方式的比较研究［J］. 经济管理，(Z3)：11-18.

李远勤，郭岚，张祥建，2009. 企业非效率投资行为影响因素的前沿研究综述［J］. 软科学，23（7）：124-129+144.

李增泉，2000. 激励机制与企业绩效——一项基于上市公司的实证研究［J］. 会计研究，(1)：24-30.

李增泉，余谦，王晓坤，2005. 掏空、支持与并购重组——来自我国上市公司的经验证据［J］. 经济研究，(1)：95-105.

连玉君，程建，2007. 投资—现金流敏感性：融资约束还是代理成本？［J］. 财经研究，(2)：37-46.

连玉君，苏治，2009. 融资约束、不确定性与上市公司投资效率［J］. 管理评论，21（1）：19-26.

廖理，方芳，2004. 管理层持股、股利政策与上市公司代理成本［J］. 统计研究，（12）：27-30.

刘朝晖，2002. 外部套利、市场反应与控股股东的非效率投资决策［J］. 世界经济，（7）：71-79.

刘广生，马悦，2013. 中国上市公司实施股权激励的效果［J］. 中国软科学，（7）：110-121.

刘浩，孙铮，2009. 西方股权激励契约结构研究综述——兼论对中国上市公司股权激励制度的启示［J］. 经济管理，31（4）：166-172.

刘怀珍，欧阳令南，2004. 经理私人利益与过度投资［J］. 系统工程理论与实践，（10）：44-48.

刘芍佳，孙霈，刘乃全，2003. 终极产权论、股权结构及公司绩效［J］. 经济研究，（4）51-62+93.

刘星，窦炜，2009. 基于控制权私有收益的企业非效率投资行为研究［J］. 中国管理科学，（5）：156-165.

刘星，刘理，窦炜，2014. 融资约束、代理冲突与中国上市公司非效率投资行为研究［J］. 管理工程学报，28（3）：64-73.

刘运国，刘雯，2007. 我国上市公司的高管任期与 R&D 支出［J］. 管理世界，（1）：128-136.

柳建华，魏明海，郑国坚，2008. 大股东控制下的关联投资："效率促进"抑或"转移资源"［J］. 管理世界，（3）：133-141+187.

卢闯，孙健，张修平，等，2015. 股权激励与上市公司投资行为——基于倾向得分配对方法的分析［J］. 中国软科学，（5）：110-118.

卢雄鹰，2013. 中国上市公司股权激励问题研究［D］. 上海：华东师范大学.

罗付岩，2013. 股权激励能够抑制投资非效率吗［J］. 贵州财经大学学报，（3）：29-36.

罗付岩，2014. 关联交易对公司投资是效率促进或利益冲突？［J］. 管理评论，26（1）：140-149.

罗付岩，沈中华，2013. 股权激励、代理成本与企业投资效率［J］. 财贸研究，24（2）：146-156.

罗富碧，冉茂盛，杜家廷，2008. 高管人员股权激励与投资决策关系的实证研究［J］. 会计研究，（8）：69-76+95.

罗红霞，李红霞，刘璐，2014. 公司高管个人特征对企业绩效的影响——引入中介变量：投资效率［J］. 经济问题，（1）：110-114.

罗明琦，2014. 企业产权、代理成本与企业投资效率——基于中国上市公司的经验证据［J］. 中国软科学，（7）：172-184.

罗琦，肖文翀，夏新平，2007. 融资约束抑或过度投资——中国上市企业投资—现金流敏感度的经验证据［J］. 中国工业经济，（9）：103-110.

罗艳梅，程新生，2013. 双重委托代理关系下内部审计治理有效性研究——基于角色冲突的视角［J］. 审计研究，（2）：58-67.

吕长江，严明珠，郑慧莲，等，2011. 为什么上市公司选择股权激励计划？［J］. 会计研究，（1）：68-75+96.

吕长江，张海平，2011. 股权激励计划对公司投资行为的影响［J］. 管理世界，（11）：118+126+188.

吕长江，郑慧莲，严明珠，等，2009. 上市公司股权激励制度设计：是激励还是福利？［J］. 管理世界，（9）：133-147+188.

吕长江，周县华，2005. 公司治理结构与股利分配动机——基于代理成本和利益侵占的分析［J］. 南开管理评论，（3）：9-17.

强国令，2012. 制度变迁、管理层股权激励和公司投资——来自股权分置改革的经验证据［J］. 山西财经大学学报，34（3）：89-97.

屈文洲，谢雅璐，叶玉妹，2011. 信息不对称、融资约束与投资—现金流敏感性——基于市场微观结构理论的实证研究［J］. 经济研究，46（6）：105-117.
冉茂盛，钟海燕，文守逊，等，2010. 大股东控制影响上市公司投资效率的路径研究［J］. 中国管理科学，18（4）：165-172.
饶育蕾，汪玉英，2006. 中国上市公司大股东对投资影响的实证研究［J］. 南开管理评论，（5）：67-73.
申明浩，2008. 治理结构对家族股东隧道行为的影响分析［J］. 经济研究，（6）：135-144.
石水平，2010. 控制权转移、超控制权与大股东利益侵占——来自上市公司高管变更的经验证据［J］. 金融研究，（4）：160-176.
宋建波，田悦，2012. 管理层持股的利益趋同效应研究——基于中国 A 股上市公司盈余持续性的检验［J］. 经济理论与经济管理，（12）：99-109.
苏冬蔚，林大庞，2010. 股权激励、盈余管理与公司治理［J］. 经济研究，45（11）：88-100.
苏坤，2015. 管理层股权激励、风险承担与资本配置效率［J］. 管理科学，28（3）：14-25.
孙永祥，2001. 所有权、融资结构与公司治理机制［J］. 经济研究，（1）：45-53.
孙兆斌，2006. 股权集中、股权制衡与上市公司的技术效率［J］. 管理世界，（7）：115-124.
唐蓓，潘爱玲，王英英，2011. 控股股东对过度投资影响的实证研究——来自中国上市公司的经验证据［J］. 经济与管理研究，（8）：92-98.
唐清泉，徐欣，曹媛，2009. 股权激励、研发投入与企业可持续发展——来自中国上市公司的证据［J］. 山西财经大学学报，31（8）：77-84.
唐雪松，周晓苏，马如静，2007. 上市公司过度投资行为及其制约机制的实证研究［J］. 会计研究，（7）：44-52+96.
唐宗明，蒋位，2002. 中国上市公司大股东侵害度实证分析［J］. 经济研究，（4）：44-50+94.
田立军，宋献中，2011. 产权性质、控制权和现金流权分离与企业投资行为［J］. 经济与管理研究，（11）：68-76.
田盈，蒲勇健，2006. 多任务委托——代理关系中激励机制优化设计［J］. 管理工程学报，（1）：24-26.
童晶骏，2003. 关于我国上市公司股权激励效应的实证分析［J］. 理论探讨，（5）：48-51.
万丛颖，张楠楠，2013. 大股东的治理与掏空——基于股权结构调节效应的分析［J］. 财经问题研究，（7）：42-49.
汪健，卢煜，朱兆珍，2013. 股权激励导致过度投资吗？——来自中小板制造业上市公司的经验证据［J］. 审计与经济研究，28（5）：70-79.
汪璐，王丹舟，2015. 股权激励研究前沿问题综述［J］. 财会通讯，（5）：56-58.
王传彬，2013，制度环境、股权激励契约结构及效应研究［D］. 徐州：中国矿业大学.
王华，黄之骏，2006. 经营者股权激励、董事会组成与企业价值——基于内生性视角的经验分析［J］. 管理世界，（9）：101-116+172.

王艳，孙培源，杨忠直，2005. 经理层过度投资与股权激励的契约模型研究［J］. 中国管理科学，（1）：128-132.

王燕妮，2011. 高管激励对研发投入的影响研究——基于我国制造业上市公司的实证检验［J］. 科学学研究，29（7）：1071-1078.

魏刚，2000. 高级管理层激励与上市公司经营绩效［J］. 经济研究，（3）：32-39+64-80.

魏明海，柳建华，2007. 国企分红、治理因素与过度投资［J］. 管理世界，（4）：88-95.

魏志华，吴育辉，李常青，2012. 家族控制、双重委托代理冲突与现金股利政策——基于中国上市公司的实证研究［J］. 金融研究，（7）：168-181.

温忠麟，叶宝娟，2014. 中介效应分析：方法和模型发展［J］. 心理科学进展，22（5）：731-745.

吴世飞，2016. 股权集中与第二类代理问题研究述评［J］. 外国经济与管理，38（1）：87-100.

夏冠军，于研，2012. 高管薪酬契约对公司投资行为的影响——基于证券市场非有效视角的分析［J］. 财经研究，38（6）：69-79.

夏纪军，张晏，2008. 控制权与激励的冲突——兼对股权激励有效性的实证分析［J］. 经济研究，（3）：87-98.

夏芸，唐清泉，2008. 我国高科技企业的股权激励与研发支出分析［J］. 证券市场导报，（10）：29-34.

萧松华，王院民，2015. 货币政策、负债融资和股权代理成本［J］. 金融论坛，20（2）：24-30+37.

肖淑芳，金田，刘洋，2012. 股权激励、股权集中度与公司绩效［J］. 北京理工大学学报（社会科学版），14（3）：18-26.

肖星，陈婵，2013. 激励水平、约束机制与上市公司股权激励计划［J］. 南开管理评论，16（1）：24-32.

辛清泉，林斌，王彦超，2007. 政府控制、经理薪酬与资本投资［J］. 经济研究，（8）：110-122.

熊家财，苏冬蔚，2014. 股票流动性与企业资本配置效率［J］. 会计研究，（11）：54-60+97.

许娟娟，陈艳，陈志阳，2016. 股权激励、盈余管理与公司绩效［J］. 山西财经大学学报，38（3）：100-112.

徐莉萍，辛宇，陈工孟，2006. 股权集中度和股权制衡及其对公司经营绩效的影响［J］. 经济研究，（1）：90-100.

徐宁，2011. 中国上市公司股权激励契约安排与制度设计［D］. 济南：山东大学.

徐宁，任天龙，2014. 高管股权激励对民营中小企业成长的影响机理——基于双重代理成本中介效应的实证研究［J］. 财经论丛，（4）：55-63.

徐宁，徐向艺，2010. 上市公司股权激励效应研究脉络梳理与不同视角比较［J］. 外国经济与管理，32（7）：57-65.

徐倩，2014. 不确定性、股权激励与非效率投资［J］. 会计研究，（3）：41-48+95.

徐寿福，徐龙炳，2015. 现金股利政策、代理成本与公司绩效［J］. 管理科学，28（1）：96-110.

徐向艺，徐宁，2010. 金字塔结构下股权激励的双重效应研究——来自我国上市公司的经验证据［J］. 经济管理，32（9）：59-65.

徐永新，2009. 二级委托代理问题研究：来自委托理财的经验证据［J］. 管理工程学报，23（4）：31-36.

许新霞，王学军，2007. 双重委托代理下的治理策略与内部控制［J］. 会计研究，（2）：59-64.

严若森，2006. 双重委托代理理论与股权集中型公司治理最优化研究综述［J］. 当代经济科学，（4）：90-95+127.

严若森，2009. 双重委托代理结构：逻辑起点、理论模型与治理要义［J］. 学术月刊，41（11）：75-81.

杨汉明，刘广瑞，2014. 金融发展、两类股权代理成本与过度投资［J］. 宏观经济研究，（1）：61-74.

杨华军，胡奕明，2007. 制度环境与自由现金流的过度投资［J］. 管理世界，（9）：99-106+116+172.

杨慧辉，2008. 两大股权激励方式激励作用的比较研究——基于厌恶经理人的委托代理模型分析［J］. 经济经纬，（2）：109-113.

杨慧辉，潘飞，刘钰莹，2019. 控制权变迁中的权力博弈与股权激励设计动机——基于上海家化的案例分析［J］. 财经研究，48（10）：140-152.

杨兴全，吴昊旻，2011. 成长性、代理冲突与公司财务政策［J］. 会计研究，（8）：40-45+96.

杨兴全，张丽平，吴昊旻，2012. 控股股东控制、管理层激励与公司过度投资［J］. 商业经济与管理，（10）：28-39.

叶生明，2006. 委托代理框架的企业投资行为研究［D］. 上海：复旦大学.

叶松勤，徐经长，2013. 大股东控制与机构投资者的治理效应——基于投资效率视角的实证分析［J］. 证券市场导报，（5）：35-42.

仪明金，李婉丽，2015. 我国上市公司研发投资问题研究［J］. 经济问题探索，（3）：184-190.

俞红海，徐龙炳，陈百助，2010. 终极控股股东控制权与自由现金流过度投资［J］. 经济研究，45（8）：103-114.

俞鸿琳，2006. 国有上市公司管理者股权激励效应的实证检验［J］. 经济科学，（1）：108-116.

袁春生，杨淑娥，2006. 经理管理防御与企业非效率投资［J］. 经济问题，（6）：40-42.

袁江天，张维，2006. 多任务委托代理模型下国企经理激励问题研究［J］. 管理科学学报，

(3)：45-53.

战勇，严太华，2007. 公司治理中多重委托代理悖论与制度辅助——兼与冯根福商榷[J]. 财经科学，(3)：97-104.

张功富，宋献中，2009. 我国上市公司投资：过度还是不足？——基于沪深工业类上市公司非效率投资的实证度量［J］. 会计研究，(5)：69-77+97.

张海平，2011. 上市公司股权激励效应研究［D］. 上海：复旦大学.

张会丽，陆正飞，2012. 现金分布、公司治理与过度投资——基于我国上市公司及其子公司的现金持有状况的考察［J］. 管理世界，(3)：141-150+188.

张维迎，1995. 企业的企业家——契约理论［M］. 上海：上海人民出版社.

张宗益，郑志丹，2012. 融资约束与代理成本对上市公司非效率投资的影响——基于双边随机边界模型的实证度量［J］. 管理工程学报，26（2）：119-126.

章丹，2015. 双重委托代理理论视角下股权集中与研发投资间关系研究——基于托宾 Q、现金流和行业调节效应的分析［J］. 财经论丛，(4)：89-96.

郑志刚，2007. 金字塔形的控股结构与产权安排的性质［J］. 中国经济问题，(3)：22-28.

支晓强，童盼，2007. 管理层业绩报酬敏感度、内部现金流与企业投资行为——对自由现金流和信息不对称理论的一个检验［J］. 会计研究，(10)：73-81+96.

周建，袁德利，2013. 公司治理机制与公司绩效：代理成本的中介效应［J］. 预测，32（2）：18-25.

周建波，孙菊生，2003. 经营者股权激励的治理效应研究——来自中国上市公司的经验证据［J］. 经济研究，(5)：74-82+93.

周仁俊，高开娟，2012. 大股东控制权对股权激励效果的影响［J］. 会计研究，(5)：50-58+94.

周守华，王海妹，张巍，等，2008. 激励强度、公司治理与企业业绩研究综述［J］. 会计研究，(10)：60-65.

周中胜，2008. 管理层薪酬、现金流与代理成本［J］. 上海经济研究，(4)：73-83.

钟海燕，冉茂盛，文守逊，2010. 政府干预、内部人控制与公司投资［J］. 管理世界，(7)：98-108.

AGGARWAL R K，SAMWICK A A，2006. Empire-Builders and Shirkers：Investment，Firm Performance，and Managerial Incentives［J］. Journal of Corporate Finance，12（3）：489-515.

AGRAWAL A，KNOEBER C R，1996. Firm Performance and Mechanisms to Control Agency Problems between Mangers and Shareholders［J］. Journal of Financial and Quantitative Analysis，31(3)：377-397.

AGRAWAL A，MANDELKER G N，1987. Managerial Incentives and Corporate Investment and Financing Decisions［J］. The Journal of Finance，42（4）：823-837.

AKERLOF G，1970. The Market for Lemons：Qualitative Uncertainty and the Market Mechanism［J］. Quarterly Journal of Economics，84（3）：488-500.

ALBUQUERUE R，WANG N，2008. Agency Conflicts，Investment，and Asset Pricing［J］. The

Journal of Finance, 63 (1): 1-40.

ALLEN F, QIAN J, QIAN M, 2005. Law, Finance, and Economic Growth in China [J]. Journal of Financial Economics, 77 (1): 57-116.

AMIHUD Y, LEV B, 1981. Risk Reduction as a Managerial Motive for Conglomerate Mergers [J]. The Bell Journal of Economics, 12 (2): 605-617.

ANG J S, COLE R A, LIN J W, 2000. Agency Costs and Ownership Structure [J]. The Journal of Finance, 55 (1): 81-106.

ARMSTRONG C S, CORE J E, TAYLOR D J, et al, 2011. When does Information Asymmetry Affect the Cost of Capital [J]. Journal of Accounting Research, 49 (1): 1-40.

BABENKO I, LEMMON M, TSERLUKEVICH Y, 2011. Employee Stock Options and Investment [J]. The Journal of Finance, 66 (3): 981-1009.

BAKER M, 2000. Career Concerns and Staged Investment: Evidence from the Venture Capital Industry [R]. Working Paper, Harvard University.

BARON R M, KENNY D A, 1986. The Moderator—Mediator Variable Distinction in Social Psychological Research: Conceptual, Strategic, and Statistical Considerations [J]. Journal of Personality and Social Psychology, 51 (6): 1173-1182.

BARRON J M, WADDELL G R, 2008. Work Hard, not Smart: Stock Options in Executive Compensation [J]. Journal of Economic Behavior&Organization, 66 (3): 767-790.

BEBCHUK L A, FRIED J M, 2003. Executive Compensation as an Agency Problem [J]. National Bureau of Economic Research, 17 (3): 71-92.

BEBCHUK L A, FRIED J M, 2010. Paying for Long-Term Performance [J]. University of Pennsylvania Law Review, 158 (7): 1915-1959.

BELGHITAR Y, CLARK E, 2015. Managerial Risk Incentives and Investment Related Agency Costs [J]. International Review of Financial Analysis, 38: 191-197.

BENMELECH E, KANDEL E, VERONESI P, 2011. Stock-Based Compensation and CEO (dis) Incentives [J]. National Bureau of Economic Research, 125 (4): 1769-1820.

BENS D A, NAGAR V, WONG M H, 2002. Real Investment Implications of Employee Stock Option Exercises [J]. Journal of Accounting Research, 40 (2): 359-393.

BERTRAND, M, MULLAINATHAN, S, 2003. Enjoying the Quiet Life? Corporate Governance and Managerial Preferences [J]. Journal of Political Economy, 111 (5): 1043-1075.

BIDDLE G C, HILARY G, VERDI R S, 2009. How does Financial Reporting Quality Relate to Investment Efficiency? [J]. Journal of Accounting and Economics, 48 (2): 112-131.

BROCKMAN P, MARTIN X, UNLU E, 2010. Executive Compensation and the Maturity Structure of Corporate Debt [J]. The Journal of Finance, 65 (3): 1123-1161.

BROUSSARD J P, PILOTTE E A, 2004. CEO Incentives, Cash Flow, and Investment [J]. Financial Management, 33 (2): 51-70.

BROWN K, 2002. Many Firms May Play with Numbers to Paint Prettier Pictures of Themselves

[J]. The Wall Street Journal, (2): 6-18.

BRYAN S, HWANG L, LILIEN S, 2000. CEO Stock - based Compensation: an Empirical Analysis of Intensity, Relative Mix, and Economic Determinants [J]. Journal of Business, 73 (4): 134-146.

CARTER M, LYNCH L, TUAN, 2007. The Role of Accounting in the Design of CEO Compensation [J]. The Accounting Review, 82(2): 327-357.

CHAKRABARTI R, MEGGINSON W, YADAV P K, 2008. Corporate Governance in India [J] . Journal of Applied Corporate Finance, 20 (1): 59-72.

CHEN C, YOUNG D, ZHUANG Z, 2012. Externalities of Mandatory IFRS Adoption: Evidence from Cross-Border Spillover Effects of Financial Information on Investment Efficiency [J] . The Accounting Review, 88 (3): 881-914.

CHEN F, HOPE O, LI Q, et al, 2011. Financial Reporting Quality and Investment Efficiency of Private Firms in Emerging markets [J] . The Accounting Review, 86 (4): 1255-1288.

CHEN R, GHOUL S, GUEDHAMI O, et al, 2017. Do State and Foreign Ownership Affect Investment Efficiency? [J] . Evidence from Privatizations. Journal of Corporate Finance, 42: 408-421.

CHEN S, SUN Z, TANG S, et al, 2011. Government Intervention and Investment Efficiency: Evidence from China [J] . Journal of Corporate Finance, 17 (2): 259-271.

CHU E Y, SONG S I, 2012. Executive Compensation, Earnings Management and Over Investment in Malaysia [J]. Asian Academy of Management Journal of Accounting and Finance, 8 (Supp 1): 13-37.

CHUN S E, NAGANO M, LEE M H, 2011. Ownership Structure and Risk-Taking Behavior: Evidence from Banks in Korea and Japan [J] . Asian Economic Journal, 25 (2): 151-175.

CLAESSENS A, DJANKOV S, LANG L H P, 2000. The Separation of Ownership and Control in East Asian Corporation [J]. Journal of Financial Economincs, 58 (1-2): 81-112.

CLAESSENS A, DJANKOV S, FAN J P H, et al, 2002. Disentangling the Incentive and Entrenchment Effects of Large Shareholding [J]. Journal of Finance, 57 (6): 2741-2771.

COLES J L, DANIEL N D, NAVEEN L, 2006. Managerial Incentives and Risk-Taking [J] . Journal of Financial Economics, 79 (2): 431-468 (38) .

CONYON M J, MURPHY K J, 2000. The Prince or the Pauper? CEO Pay in the US and the UK [J]. The Economic Journal, 110 (467): 640-671.

CRONQVIST H, NILSSON M, 2003. Agency Costs of Controlling Minority Shareholders [J] . Journal of Financial and Quantitative Analysis, 38 (4): 695-719 .

CUI H, MAK Y T , 2002. The Relationship Between Managerial Ownership and Firm Performace in High R&D Firms [J] . Journal of Corporate Finance, 8 (4): 313-336.

DAVIDSON W N , SINGH M, 2003. Agency Costs, Ownership Structure and Corporate Governance Mechanisms [J]. Journal of Banking & Finance, 27 (5): 793-816.

DECHOW P M, SLOAN R G, HUTTON A P, 1995. Detecting Earning Management [J]. The Accounting Review, 70 (2): 193-225.

DEHEJIA R H, WAHBA S, 1999. Causal Effects in Nonexperimental Studies: Reevaluation of the Evaluation of Training Programs. Journal of the American Statistical Association, 94: 1053-1062.

DEMSETZ H, LEHN K, 1985. The Structure of Corporate Ownership: Causes and Consequences [J]. Journal of Political Economy, 93 (6): 1155-1177.

DENIS D J, DENIS D K, SARIN A, 1997. Agency Problems, Equity Ownership and Corporate Diversification [J]. Journal of Finance, 52 (1): 135-160.

DEPKEN C A, NGUYEN G X, SARKAR S K, 2006. Agency Costs, Executibe Compensation, Bonding and Monitoring: A Stochastic Frontier Approach [R]. Working Paper, University of Texasat Arlington.

DEVEREUX M, SCHIANTARELLI F, 1990. Investment, Financial Factors, and Cash Flow: Evidence from UK Panel Data [J] . Working Paper, 279-306.

EDMANS A, GABAIX X, LANDIER A, 2009. A Multiplicative Model of Optimal CEO Incentives in Market Equilibrium [J] . Review of Financial Studies, 22 (12): 4881-4917.

EFENDI J, SRIVASTAVA A, SWANSON E P, 2007. Why do Corporate Managers Misstate Financial Statements? The Role of Option Compensation and Other Factors [J] . Journal of Financial Economics, 85 (3): 667-708.

ERICKSON T, WHITED T M, 2000. Measurement Error and the Relationship between Investment and Q [J] . Journal of Political Economy, 108 (5): 1027-1057.

FACCIO M, LANG L H, 2002. The Ultimate Ownership of Western European Corporations [J] . Journal of Financial Economics, 65 (3): 365-395.

FAMA E F, 1980. Agency Problems and the Theory of the Firm [J] . The Journal of Political Economy, 88 (2): 288-307.

FAMA E F, JENSEN M C, 1983. Agency Problems and Residual Claims [J]. Journal of Law & Economic, 26 (2): 327-349.

FAN J, WONG T J, ZHANG T, 2007. Politically Connected CEOs, Corporate Governance, and Post-IPO Perfromance of China's Newly Partially Privatized Firms [J]. Journal of Financial Economics, 84(2): 330-357.

FAZZARI S M, HUBBARD R G, PETERESN, B C, et al, 1988. Financing Constraints and Corporate Investment [J] . Brookings Papers on Economic Activity, (1): 141-206.

FELTHAM G A, WU M G, 2001. Incentive Efficiency of Stock Versus Options [J] . Review of Accounting Studies, 6 (1): 7-28.

FRANCIS J, SMITH A, 1995. Agency Costs and Innovation Some Empirical Evidence [J]. Journal of Accounting and Economics, 19 (2-3): 383-409.

FRANKS J, MAYER C, 2001. Ownership and Control of German Corporations [J] . Review of

Financial Studies, 14 (4): 943-977.

GADHOUM Y, LANG H P, YOUNG L, 2003. Who Controls US? [J]. European Financial Management, 11 (3): 339-363.

GOERGEN M, RENNEBOOG L, 2001. Investment Policy, Internal Financing and Ownership Concentration in the UK [J] . Journal of Corporate Finance, 7 (3): 257-284.

GOERING G E, 1996. Managerial Style and the Strategic Choice of Executive Incentives [J]. Managerial and Decision Economics, 17 (1): 71-82.

GRIFFITH J M, 1999. CEO Ownership and Firm Value [J]. Managerial and Decision Economics, 20 (1): 1-8.

GROSSMAN S J, HART O D, 1983. An Analysis of the Principal-Agent Problem [J] . Econometrica: Journal of the Econometric Society, 51 (1): 7-45.

GROSSMAN S J, HART O D, 1986. The Costs and Benefits of Ownership: A Theory of Vertical and Lateral Integration [J] . The Journal of Political Economy, 94 (4): 691-719.

GUAY W R, 1999. The Sensitivity of CEO Wealth to Equity Risk: An Analysis of the Magnitude and Determinants [J]. Journal of Financial Economics, 53 (1): 43-71.

GUTIERREZ L H, POMBO C, TOBORDA R, 2008. Ownership and Control in Colombian Corporations [J] . The Quarterly Review of Economics and Finance, 48 (1): 22-47.

HAKAN O, YURTOGLU B, 2006. The Impact of Corporate Governance Structures on the Corporate Investment Performance in Turkey [J]. Corporate Governance: An International Review, 14 (4): 349-363.

HALL B J, MURPHY K J, 2003. The Trouble with StockOptions [J]. National Bureau of Economic Research, 17 (3) : 49-70.

HANSON R C, SONG M H, 2000. Managerial Ownership, Board Structure, and the Division of Gains in Divestitures [J] . Journal of Corporate Finance, 6 (1): 55-70.

HART O, MOORE J, 1994. Debt and Seniority: An Analysis of the Role of Hard Claims in Constraining Management [J] . National Bureau of Economic Research, 85 (3): 567-585.

HART O, 1995. Firms, Contracts and Financial Structure [M]. Oxford: Oxford University Press.

HEINKEL R, ZECHNER J, et al, 1990. The Role of Debt and Preferred Stock as a Solution to Adverse Investment Incentives [J] . Journal of Financial and Quantitative Analysis, 25 (1): 1-24.

HIRSHLEIFER D, LOW A, TEOH S H, 2012. Are Overconfident CEOs Better Innovators? [J]. The Journal of Finance, 67 (4): 1457-1498.

HOLDERNESS C G, 2009. The Myth of Diffuse Ownership in the United States [J] . Review of Financial Studies, 22 (4): 1377-1408.

HOLDERNESS C, SHEEHAN D, 1988. The Role of Majority Shareholders in Publicly Held Corporations [J]. Journal of Financial Economics, 20 (1-2): 317-346.

HOLMSTROM B, 1979. Moral Hazard and Observability [J] . The Bell Journal of Economics, 10 (1): 74-91.

HOLMSTROM B, COSTA J R I , 1986. Managerial Incentives and Capital Management [J] . THE Quarterly Journal of Economics, 101 (4): 835-860.

HOLMSTROM B, WEISS L, 1985. Managerial Incentives, Investment and Aggregate Implications: Scale Effects [J] . The Review of Economic Studies, 52 (3): 403-425.

HOVAKIMIAN G E, 2011. Financial Constraints and Investment Efficiency: Internal Capital Allocation across the Business Cycle [J] . Journal of Financial Intermediation, 20 (2): 264-283.

JAFFEE D M, RUSSELL T, 1976. Imperfect Information, Uncertainty, and Credit Rationing [J] . The Quarterly Journal of Economics, 90 (4): 651-666.

JENSEN M C, 1986. Agency Cost of Free Cash Flow, Corporate Finance, and Takeovers [J] . American Economic Review, 76 (2): 323-329.

JENSEN M C, MECKLING W H, 1976. Theory of the Firm: Managerial Behavior, Agency Costs and Ownership Structure [J] . Journal of Financial Economics, 3 (4): 305-360.

JENSEN M C, MURPHY K J, 1990. Performance Pay and Top-Management Incentives [J] . Journal of Political Economy, 98 (2): 225-264.

JOH S W, 2003. Corporation Governance and Firm Profitability: Evidence from Korea before the Economic Crisis [J]. Journal of Financial Economics, 68 (2): 287-322.

JOHN K, NACHMAN D C, 1985. Risky Debt, Investment Incentives, and Reputation in a Sequential Equilibrium [J] . The Journal of Finance, 40 (3): 878-880.

JOHNSON, SIMON, PORTA R L, et al, 2000. Tunneling [J] . American Economic Review, 90 (2): 22-27.

JOSKOW P L, ROSE N L, WOLFRAM C D, 1996. Political Constraints on Executive Compensation: Evidence from the Electric Utility Industry [J]. The Rand Journal of Economics, 27 (1): 165-182.

JU N , LELAND H, SENBET L W, 2014. Options, Option Repricing in Managerial Compensation: Their Effects on Corporate Investment Risk [J] . Journal of Corporate Finance, 29: 628-643.

KANG S, KUMAR P, LEE H, 2006. Agency and Corporate Investment: The Role of Executive Compensation and Corporate Governance [J] . The Journal of Business, 79 (3): 1127-1148.

KAPLAN S N, ZINGALES L, 1997. Do Investment-Cash Flow Sensitivities Provide Useful Measures of Financing Constraints? [J] . The Quarterly Journal of Economics, 112 (1): 169-215.

KHAN A R, MATHER P R, BALACHANDRAN B, 2014. Managerial Share Ownership and Operating Performance: Do Independent and Executive Directors Have Different Incentives [J] . Australian Journal of Management, 39 (1): 1021-1023.

KHANNA N, SONTI R, 2004. Value Creating Stock Manipulation: Feedback Effect of Stock Prices on Firm Value [J]. Journal of Financial Market, 7 (3): 237-270.

LA PORTA, R LOPEZ - DE - SILANES F, SHLEIFER A, 1999. Corporate Ownership around the World [J]. The Journal of Finance, 54 (2): 471-517.

LA PORTA R, LOPEZ-DE-SILANES F, SHLEIFER A, et al, 2000. Investor Protection and Corporate Governance [J]. Journal of Financial Economics, 58 (1): 3-27.

LAMBERT R A, 1986. Executive Effort and Selection of Risky Projects [J]. The Rand Journal of Economics, 71 (1): 77-88.

LANG L H P, LITZENBERGER R H L, 1989. Dividend Announcements: Cash Flow Signalling vs. Free Cash Flow Hypothesis? [J]. Journal of Financial Economics, 24 (1): 181-191.

LAUX V, 2012. Stock Option Vesting Conditions, CEO Turnover, and Myopic Investment [J]. Journal of Financial Economics, 106 (3): 513-526.

LAZEAR E P, 2004. Output-Based Pay: Incentives, Retention or Sorting? [J]. Research in Labor Economics, 2003, 23 (4): 1-25.

LEE C J, XIAO X, 2004. Tunneling dividend [R]. Working Paper.

LELAND H. E, PYLE D, 1977. Information Asymmetry, Financial Structure, and Financial Intermediation [J]. Journal of Finance, 32 (2): 371-387.

LENSINK B W, BO H, STERKEN E, 2001. Investment, Capital Market Imperfections, and Uncertainty: Theory and Empirical Results [J]. Edward Elgar Publishing.

LEVY A, HENNESSY C, 2007. Why does Capital Structure Choice vary with Macroeconomic Conditions? [J]. Journal of Monetary Economics, 54 (6): 1545-1564.

LUNDSTRUM L L, 2002. Corporate Investment Myopia: a Horserace of the Theories [J]. Journal of Corporate Finance, 8 (4): 353-371.

MAK Y T, LI Y, 2001. Determinants of Corporate Ownership and Board Structure: Evidence from Singapore [J]. Journal of Corporate Finance, 7 (3): 235-256.

MALMENDIER U, TATE G, 2005. CEO Overconfidence and Corporate Investment [J]. The Journal of Finance, 60 (6): 2661-2700.

MALMENDIER U, TATE G, 2008. Who Makes Acquisitions? CEO Overconfidence and the Market's Reaction [J]. Journal of Financial Economics, 89 (1): 20-43.

MARK K, CLIFFORD F T, 1995. A Test of Stulz's Overinvestment Hypothesis [J]. Financial Review, 30 (3): 387-398.

MEHRAN H, 1995. Executive Compensation Structure, Ownership and Firm Performance [J]. Journal of Financial Economics, 38 (2): 163-184.

MCCONNELL J J, SERVAES H, 1990. Additional Evidence on Equity Ownership and Corporate Value [J]. Journal of Financial Economics, 27 (2): 595-612.

MIKKELSON W H, PARTCH M M, 1989. Managers' Voting Rights and Corporate Control [J]. Journal of Financial Economics, 25 (2): 263-290.

MIRRLEES J A, 1976. The Optimal Structure of Incentives and Authority within an Organization [J]. The Bell Journal of Economics, 7 (1): 105-131.

MORCK R, SHLEIFER A, VISHNY R W, 1988. Management Ownership and Market Valuation: An Empirical Analysis [J] . Journal of Financial Economics, 20: 293-315.

MURPHY K J, 1986. Incentives, Learning, and Compensation: A Theoretical and Empirical Investigation of Managerial Labor Contracts [J]. Rand Journal of Economics, 17 (1): 59-76.

MURPHY K J, 1999. Executive Compensation [J] . Handbook of Labor Economics, 3: 2485-2563.

MYERS S C, MAJLUF N S, 1984. Corporate Financing and Investment Decisions when Firms Have Information that Investors do not Have [J] . Journal of Financial Economics, 13 (2): 187-221.

NARAYANAN M P, 1985. Managerial Incentives for Short-Term Results [J] . The Journal of Finance, 40 (5): 1469-1484.

NARAYANAN M P, 1988. Debt Versus Equity under Asymmetric Information [J] . Journal of Financial and Quantitative Analysis, 23 (1): 39-51.

NASTASESCU R G, 2009. Stock Option Compensation and Managerial Turnover [J]. Revista De Management Comparat, 10 (2): 352-366.

ORBAY H, YURTOGLU B B, 2006. The Impact of Corporate Governance Structures on the Corporate Investment Performance in Turkey [J] . Corporate Governance: An International Review, 14 (4): 349-363.

PAUL O, SCOTT S, 2004. Why do Some Firms Give Stock Options to All Employees?: An Empirical Examination of Alternative Theories [J] . Journal of Financial Economics, 76 (1): 99-133.

PAUL O, SCOTT S, 2005. Why do Some Firms Give Stock Options to All Employees?: An Empirical Examination of Alternative Theories [J]. Journal of Financial Economics, 76 (1): 99-133.

PAGANO M, ROELL A, 1998. The Choice of Stock Ownership Structure: Agency Costs, Monitoring, and the Decision to Go Public [J] . Quarterly Journal of Economics, 113 (1): 187-225.

PINDADO J, DE LA TORRE C, 2009. Effect of Ownership Structure on Underinvestment and Overinvestment: Empirical Evidence from Spain [J] . Accounting&Finance, 49 (2): 363-383.

PROWSE S D, 1992. The Structure of Corporate Ownership in Japan [J]. The Journal of Finance, 47 (3): 1121-1140.

RAJAN R G, 1992. Insiders and Outsiders: The Choice between Informed and Arm' s-Length Debt [J] . The Journal of Finance, 47 (4): 367-400.

REGO S O, WILSON R X, 2012. Equity Risk Incentives and Corporate Tax Aggressiveness [J] . Journal of Accounting Research, 50 (3): 775-810.

RICHARD A, DAVID F, 2004. Stock Options, Restricted Stock, and Incentives [R]. Working

Paper.

RICHARDSON S, 2006. Over-Investment of Free Cash Flow [J]. Review of Accounting Studies, 11 (2-3): 159-189.

ROSENBAUM P R, RUBIN D B, 1983. The Central Role of the Propensity Score in Observational Studies for Causal Effects [J]. Biometrika, 70 (1): 41-55.

ROSS S A, 1973. The Economic Theory of Agency: The Principal's Problem [J]. The American Economic Review, 63 (2): 134-139.

RUBIN D B, 1974. Estimating Causal Effects of Treatments in Randomized and Nonrandomized Studies [J]. Journal of Educational Psychology, 66 (5): 688-701.

RYAN JR H E, WIGGINS Ⅲ R A, 2002. The Interactions between R&D Investment Decisions and Compensation Policy [J]. Financial Management, 31 (1): 5-29.

SANDERS W G, HAMBRICK D C, 2007. Swinging for the Fences: The Effects of CEO Stock Options on Company Risk Taking and Performance [J]. Academy of Management Journal, 50 (5): 1055-1078.

SCHARFSTEIN D S, STEIN J C, 1990. Herd Behavior and Investment [J]. The American Economic Review, 80 (3): 465-479.

SHLEIFER A, VISHNY R W, 1989. Management Entrenchment: The Case of Manager-Specific Investment [J]. Journal of Finance Economics, 25 (1) : 123- 139.

SHLEIFER A, VISHNY R W, 1997. A Survey of Corporate Governance [J]. The Journal of Finance, 52 (2): 737-783.

SHORT H, KEASEY K, 1999. Managerial Ownership and the Performance of Firms: Evidence from the UK [J]. Journal of Corporate Finance, 5 (1): 79-101.

SPENCE M, ZECKHAUSER R, 1971. Insurance, Information and Individual Action [J]. American Economic Review, 61 (2): 380-387.

SHROFF N, VERDI R S, YU G, 2013. Information Environment and the Investment Decisions of Multinational Corporations [J]. The Accounting Review, 89 (2): 759-790.

SIGLER K, SIGLER J, 2015. CEO Pay Complexity Necessary to Reduce Agency Problems [J]. Compensation&Benefits Review, 47 (2): 71-74.

SINGH M, DAVIDSON W N, 2003. Agency Costs, Ownership Structure and Corporate Governance Mechanisms [J]. Journal of Banking&Finance, 27 (5): 793-816.

SMITH C W, WATTS R L, 1992. The Investment Opportunity Set and Corporate Financing, Dividend, and Compensation Policies [J]. Journal of Financial Economics, 32 (3): 263-292.

SOUDER D, SHAVER J M, 2010. Constraints and Incentives for Making Long Horizon Corporate Investments [J]. Strategic Management Journal, 31 (12): 1316-1336.

STEEN E V D, 2005. Organizational Beliefs and Managerial Vision [J]. Journal of Law, Economics, and Organization, 21 (1) : 256- 283.

STEEN E V D, 2006. The Limits of Authority: Motivation versus Coordination [R]. MIF Sloan

Working Paper, No. 4626-06.

STIGLITZ J E, WEISS A, 1981. Credit Rationing in Markets with Imperfect Information [J] . The American Economic Review, 71 (3): 393-410.

STULZ R E M, 1990. Managerial Discretion and Optimal Financing Policies [J] . Journal of Financial Economics, 26 (1): 3-27.

TIROLE J, BéNABOU R, 2006. Incentives and Prosocial Behavior [J]. American Economic Review, 96 (5): 1652-1678.

TZIOUMIS K, 2008. Why do Firms Adopt CEO Stock Options? Evidence from the United States [J] . Journal of Economic Behavior & Organization, 68 (1): 100-111.

VALADARES S M, LEAL R P, 2000. Ownership and Control Structure of Brazilian Companies [J] . Working Paper, 3 (1): 29-56.

VERDI R S, BEATTY P, BLOUIN J, et al, 2006. Financial Reporting Quality and Investment Efficiency [J] . Social Science Electronic Publishing, 48 (2): 112-131.

VOGT S C, 1994. The Cash Flow/Investment Relationship: Evidence from US Manufacturing Firms [J] . Financial Management, 23 (2): 3-20.

WANG K, XIAO X, 2011. Controlling Shareholders' Tunneling and Executive Compensation: Evidence from China [J] . Journal of Accounting and Public Policy, 30 (1): 89-100.

WEI K C J, ZHANG Y, 2008. Ownership Structure, Cash Flow and Capital Investment: Evidence from East Asian Economies before the Financial Crisis [J]. Journal of Coporate Finance, 14 (2): 118-132.

WILLIAMSON O E, 1964 . The Economics of Discretionary Behavior : Managerial Objectives in a Theory of The Firm [J] . Economica, 32 (128): 473-474.

WILSON R. 1969. The Structure of Incentive for Decentralization under Uncertainty [M]. Paris: La Decision.

WRIGHT B D, 1983. The Economics of Invention Incentives: Patents, Prizes, and Research Contracts [J]. American Economic Review, 73 (4): 691-707.

WU X, WANG Z, 2004. Equity Financing in a Myers-Majluf Framework with Private Benefits of Control [J]. Journal of Corporate Finance, 11 (5): 915-945.

YIN R, 1994. Case Study Research: Design and Methods [M]. Sage Publications.

ZHANG Y L, 2005. Do Capital Structure and Managerial Incentives Act as Substitutes in Controlling the Free Cash Flow Agency Problem? [J]. University of Iowa Working paper.